U0048238

行家這樣尋寶

曾肅良——著

自序

我從小學習美術、書法與作文，因為在幼年之時便在同學間顯露出繪畫、書法與寫作的能力，常常代表學校參加各項藝文競賽。高中以後，對於文學藝術興趣愈來愈濃厚，一九八〇年考進入國立臺灣師範大學美術學系就讀，退伍之後，再進入碩士與博士的階段深造。曾先後在電視中心、古董公司、畫廊與藝術雜誌工作，並在大學擔任藝術課程講師，從事書畫創作、寫作與教學，並深入觀察海峽兩岸的藝術市場，一直與藝術形影不離。

與其他藝術史學者不同之處，我除了理論研究，也關注實務導向的研究，喜歡從實際的文物藝術品上發掘真相，從物件學習審美的知識，並進一步累積鑑識真偽與年代的經驗、技術與知識。

我從一九八七年開始從事文物藝術品研究與購藏，至今已將近三十年，在學習過程之中，驚覺到中國藝術市場贗品氾濫的情況愈來愈嚴重，為了鑑識並避免購藏贗品，積極充實自己的實務經驗，一方面在國內外到處蒐集各種文物藝術品的樣品或是殘片，包括書畫、陶瓷、青銅器、鼻煙壺、玉器、瑪瑙、家具、唐卡、鎏金佛像等；另一方面，參訪世界各地的公私立博物館、美術館與考古遺址，努力蒐集資料，一點一滴地建立鑑識文物藝術品的基礎。

二〇〇一年，從英國學成返國，二〇〇二年在國立雲林科技大學文化資產維護研究所開設了「文物鑑定學」的課程，應該是國內最新穎的課程之一。初開設之時被視為冷門課程，許多教授與研究生不理解此一課程，但是隨著文物藝術品鑑定需求的增長，這門課程愈來愈受到重視，直到現在，這門課程仍然相當受到歡迎。

二〇一二年，年代電視臺「女人要有錢」節目製作單位來找我，希望我能上電視節目，擔任文物藝術品鑑定的來賓，我抱持著將知識與經驗分享給大眾，以及推廣審美與文物知識的動機，開始在節目中擔任鑑定專家，意想不到地受到廣大觀眾的歡迎，收視率曾經攀升到一・六的高點。請求鑑定文物的信件與電話紛至沓來，至今未曾中斷。

有關文物藝術品鑑定的電視節目，最早起源於文物拍賣大國：英國廣播公司BBC「Road Show」，後來跟進的是日本東京電視臺的「開運なんでも鑑定團」以及中國北京衛視的「天下收藏」等節目，都引起廣大的熱潮與回響。這些廣受歡迎的文物鑑定節目，說明現今文物藝術品收藏與交易的鼎盛風氣，促使文物藝術品鑑識與鑑價的需求大幅提升。

二〇〇〇年以後，中國經濟起飛，文物藝術品的收藏風氣日益興盛，目前藝術市場每年的交易量已經占世界藝術市場交易量的一半以上，價格飆升，贗品氾濫，引起許多爭議，文物藝術品鑑證的輿論呼

自序

聲此起彼落。中國政府的文化部早在數年前已經開始導正亂象，成立了鑑定研究單位，進行藝術品鑑定科學的實務技術研究，近來更在中國文化部國家文物局下成立文物鑑定分析中心。可以想見，隨著文化藝術受到群眾重視，博物館、美術館與藝術市場活動的興盛，中國文物藝術品的鑑定將是二十一世紀的重點工作。

文物藝術贗品干擾學術研究，擾亂我們對真相的認知，更降低藝術收藏的意願，引發藝術市場紛爭，這些都會影響收藏與贊助文化藝術的意願，更進一步影響文物藝術品的保存維護、藝術家的創作與生存。

然而文物藝術品鑑定人才的培育並非一朝一夕之功，鑑定的基礎在於審美的能力，而審美能力的提升在於藝術史與美學知識的深化。在二十一世紀科技發展的時代，贗品製作技術日新月異，偽品逼肖真品，難以分辨，傳統的鑑定知識與技術已經無法全面勝任，必須藉助科學儀器幫助，進行材料學與工藝技術的檢測與分析。在此一過程中，必須透過大量檢測真跡作品，分門別類地建置出各項材料與技術資料庫。這些都是長久而持續的工程，需要文化藝術人才與科學人才攜手合作，逐步建置出整套合理而完整的鑑定機制。

鑑定文物藝術品，追求歷史與知識的真相，通過鑑定才有後續鑑價的需求，「鑑定」與「鑑價」是一項嚴謹的工作，文物藝術的範圍太廣，品類繁多，每一項都需要專人細心研究。我雖然學習藝術，但是面對文物藝術品的鑑定工作，常常覺得才疏學淺、力有未逮，仍需多方精進努力。誠摯期待十方博雅君子、愛好文物藝術收藏與研究的朋友繼續給予鼓勵，更期待對文物鑑定有興趣的朋友加入此一學科研究的陣營。

曾肅良

二〇一五年一月十日　於臺灣新北市林口
鶴野文物藝術品鑑定諮詢中心 燈下

目錄

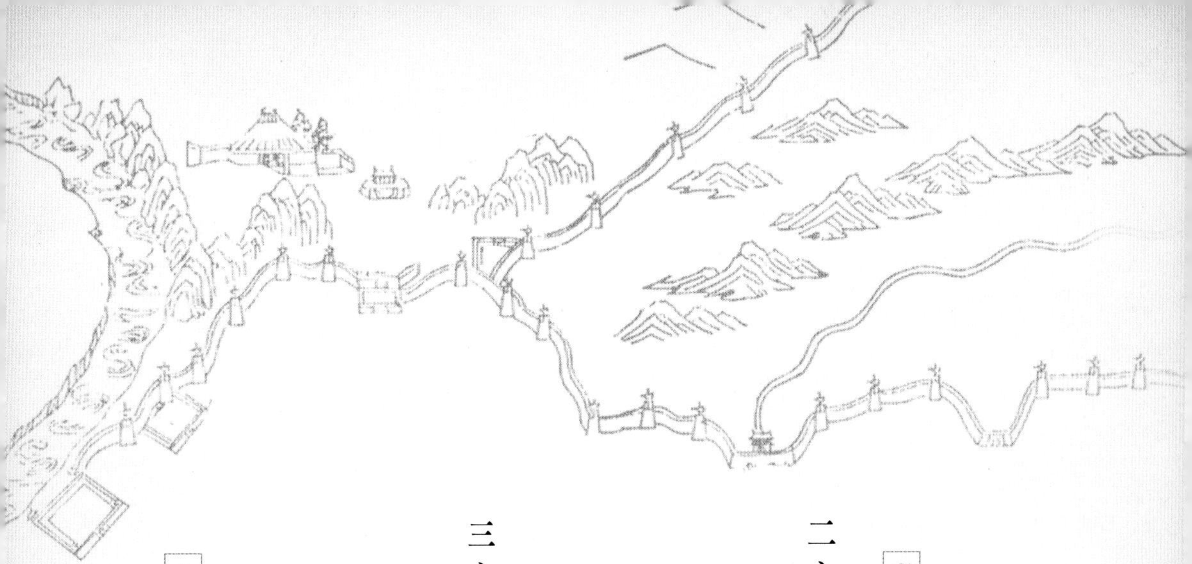

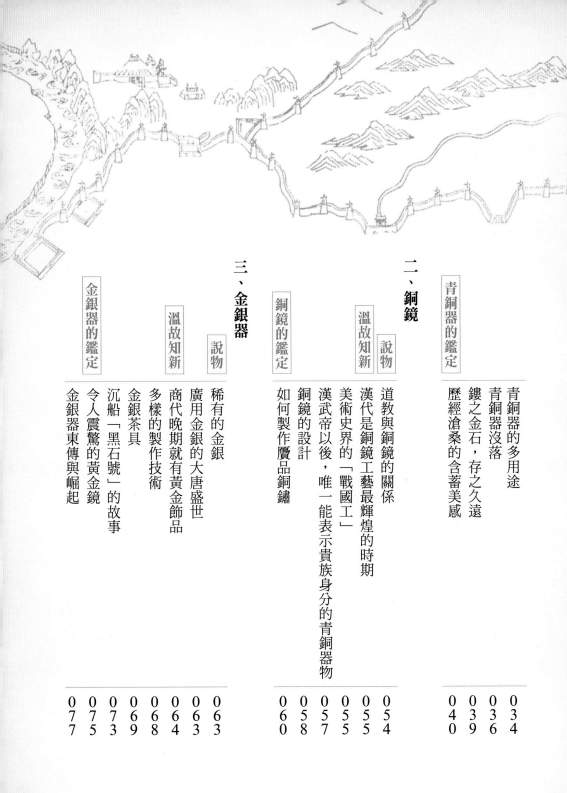

目錄

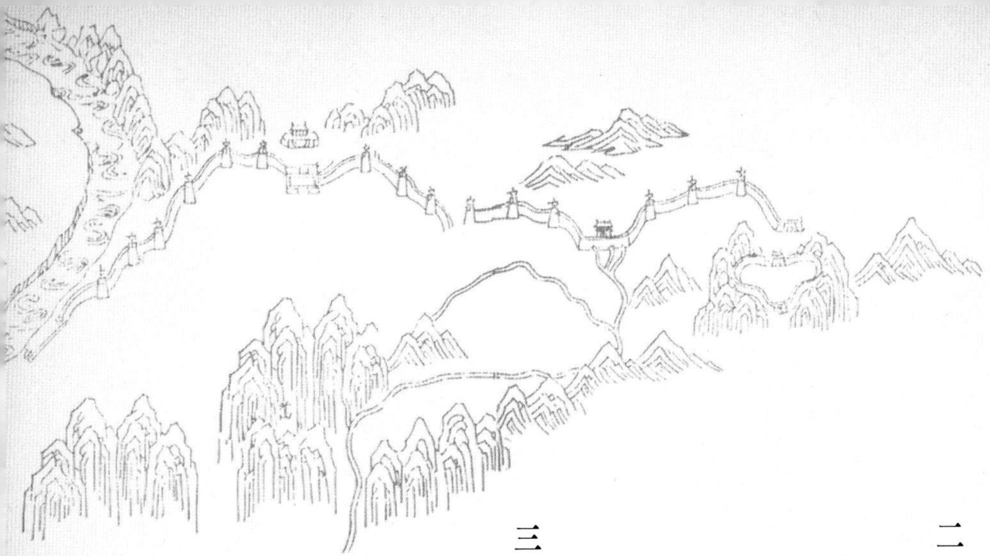

二、瓷器

三、茶具

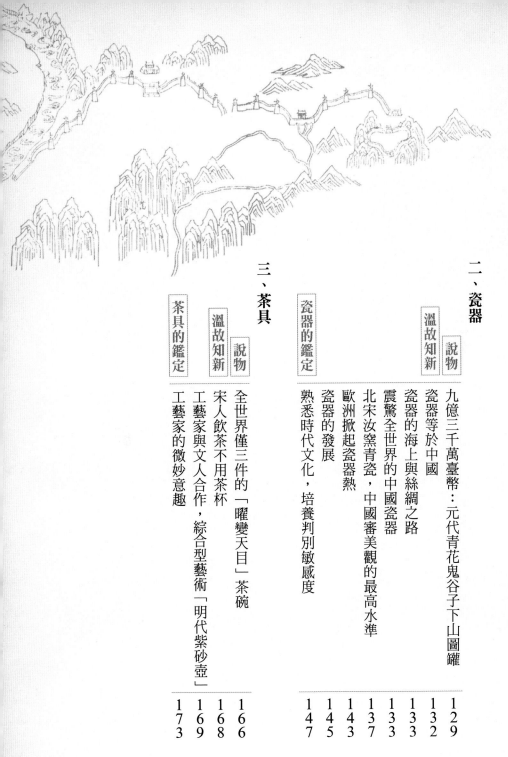

目錄

第四章 書畫鑑識

說物

溫故知新

第一章
建立知性的收藏力量

除了真假，美不美很重要

我在「英國萊斯特大學」博物館學研究所攻讀的是博物館學，是一門多元而複雜的新興學門，而我主要的研究領域是藝術收藏、藝術品鑑定與藝術市場。

我閱讀許多西方收藏家的藏品圖錄，瞭解這些收藏家的品味如何形成，也嘗試理解西方藝術品市場機制的建立與制度等，有感於西方收藏者不論公立博物館、美術館與私人收藏家，都以一種知性的態度面對收藏。二〇〇一年，我回到臺灣，以寫文章、演講與上課的方式宣揚西方知性與系統化的收藏方式，希望幫助臺灣收藏家建立自己的美學價值與鑑定能力。

多年以來，我看過太多收藏家純粹從興趣與喜好出發，但因缺乏章法，往往窮盡一生花費大量時間與金錢，卻買到一屋子價值不高的文物藝術品，甚至有許多假貨。事實上，購買文物藝術品的邏輯，與一般購買量產商品大不相同，收藏藝術品必須具備很高的人文與藝術素養，否則很難找到好的物件。

文物藝術品的特質，除了具有歷史感與美感之外，更重要的是它的稀有性與唯一性——往往存世就只有這麼一件，流通性低，隱密性高。除此之外，藝術品與精品、3C產品不同，很多藝術品沒有附帶保證書，即使有，也不能盡信，必須仔細再行審視，因此，收藏家本身就要具備基本的「鑑定真偽」能力，才能判別真假、好壞與年代。

除了真假的問題之外，你買的藝術品到底美不美？是否具有藝術性、獨特的藝術價值？它跟別人收藏的作品有什麼不同？這涉及藝術審美的能力，所以說行家如果要尋寶，鑑定真偽、鑑別藝術價值與美醜是兩項很重要的能力。

鑑識藝術品的基礎：一流的審美能力

鑑識文物藝術品的基礎在於建立一流的審美能力，如果你曾經到歐洲先進國家，像是英國、法國、德國與奧地利等，就會感嘆其城市充滿了文化與藝術的優雅氣息。

一般人認為這是經濟發展的結果，卻沒有深刻理解，形成此種都市氣氛的因素，除了政治開明、社會穩定、經濟繁榮之外，其實還在於教育與文化藝術的水準。這裡的居民擁有較高的審美素質以及對藝術的愛好與追求，這種文化底蘊需要經過時間累積、醞釀，才得以慢慢形塑出來。

臺灣雖然也在進步，但是都市環境無法給人獨特而深層的文化感受，關鍵在於國民審美素養，一個內心汲汲營營、以追求功利為主的社會，忽略了日常生活與生命品質的提升，投射到居住環境中，就使得環境充滿功利與實用的冰冷氣息。

我從師大美術學系畢業之後，曾經被分發到國中擔任美術教師，常常遇到國文、英文與數學科老師來借課，我與音樂老師以校內「最沒升學壓力的教師」自我解嘲。

這樣一個以升學主義為導向的教育，教出來的學生有美學素質嗎？

二十年前如此，二十年後的今天依然如此。我國的教育方針忽略對人文藝術、美學的培養，國中以上的學校除了相關科系的學生，會去參觀展覽的人可謂少之又少。審視現在國中、高中的美術課本與音樂課本，講授西方藝術的比例過高，中國與臺灣本土文化藝術的介紹比例太少，難怪我們培養出來的年輕一代有著強烈的文化自卑感，對於中華歷史文化懵懂無知，許多藝術的表現與內涵充滿了崇洋、哈日與哈韓的心態。

儘管現在大學裡設置了許多與文化藝術相關的通識課程，課程的素質仍有待商榷。由於社會充滿功利思想，加上對於文化藝術創作的冷漠，使得不少學生看待通識課程，還是抱持著營養學分的心態。

臺灣多數人對藝術一知半解

訓練太少就無法進一步培養對審美價值的判斷。在教學生涯中，常常發現當我帶領學生去美術館看畫時，每個學生幾乎只聽我解析，或是轉過頭對畫作打量；然而很少有學生勇於評論這幅畫好看在哪裡，或是不好看在哪裡。

我們不能苛責學生沉默不語，因為大部分人的藝術學習遠遠不足，對藝術一知半解，沒有能力也不敢評論藝術作品，可是批評與評論是提升審美能力的方法之一，先能分辨藝術品的好壞，進而才能建立自己對審美價值的判斷。

依據教育學者的意見，審美的訓練愈小開始培養愈好。臺灣長久以來不足的美學教育，使得國民審美訓練不足，最後導致我國收藏家與博物館員工的素質比不上國外。整個社會對藝術品的「美不美、好不好」不敢評斷，在這樣脈絡下培養出的收藏家，徒有財富、自詡風雅好事，土豪巨賈怎麼可能有令人讚嘆的收藏？

或許可以運用大筆金錢到國際拍賣場舉牌叫進，資本家的家裡多了炫富的裝飾品，卻對整體社會文化藝術水準的提升助益甚少，因為文物藝術品的收藏意義，不在於滿足個人占有欲與消費欲，而在於贊助社會整體文化藝術的發展，喚起文化與藝術自覺。根據歐洲學者的研究，一個文化藝術水準愈高的社會，社會愈安定，族群愈和諧。

不論古今中外，著名的文物藝術品收藏家都屬於當時社會的文化菁英，是社會「菁英中的菁英」，他們擁有財富、擁有文化藝術的素養，也有意願為傳承歷史、文化與藝術而克盡己力，收藏家花費心力與金錢，為大眾聚集可以流傳後世的文物藝術品，這種文化責任是在為民族、為社會寫歷史，足稱偉大而有意義的「心靈功德」。歷史告訴我們，一流的文物藝術品樂於追隨有財富又有文化水準的知音。

一流的收藏家往往不是最有錢的，而是最有「心」的人。

或許有人質疑，藝術品的好壞基於主觀想法，不見得每個人的看法一致。的確，以前的老師都說審美沒有標準，是主觀且感性的判斷。但我要跟各位說，真正的審美不僅主觀，也客觀；不只感性，也包含理性成分。好比我們欣賞一幅畫，一開始先用主觀與感性的態度告訴自己這幅畫美不美，但要判斷這幅畫是否符合自己的審美價值時，就必須用理性來思考。藝術品的審美不僅是主觀判斷，鑑定真假、年代、好壞都是理性的過程。在這觀點上，西方的學者早已經開始慢慢修正，期望臺灣也能夠迎頭趕上。

樂於審美與樂於投資

臺灣與西方先進國家的收藏家，收藏藝術品的理由也大不相同，西方的收藏家喜好以贊助者（Patron）自居，發掘還未出名的藝術家，透過購買作品，以財富鼓勵與支持藝術家，期望他最後能受到社會肯定而大紅大紫，證明收藏家的眼光是先驗而正確的。

臺灣的收藏家大部分抱著投資者的態度，大部分的人都是看著報章、雜誌、電視等媒體購買文物藝術品，有增值空間，或是藝術家很有名氣才下手購買。

兩者的區別在於：西方收藏家享受知性與感性的審美樂趣，期待自己的審美價值受到肯定，贊助與扶植藝術工作者。而東方收藏家享受的是商品消費與交易的過程，期待個人財富增值與炫富的驕傲與喜悅，甚至是轉手後高價賣出的獲利。

如果收藏家抱持著投資心態，就像投資股票市場一般，必須關注媒體訊息、哪一位藝術家的作品創出高價，哪一位行情後勢看漲等，最後落入充斥著炒作氛圍的市場心態，而非享受文物與藝術收藏所帶來的人生樂趣。儘管西方藝術市場也會有炒作的行為，但因為收藏家大多有自己的審美價值，收藏的觀念不同，所以收藏文化也大相逕庭。

在功利氣氛之下，臺灣願意冒險、有主張的收藏家比例太少，所以很多好的臺灣藝術家都是先受到國外藝術經紀人或是收藏家的注目，行情才開始看漲，像趙春翔是其畫作的價格高漲後，才受到華人市場注目，或像華裔畫家常玉受到法國的收藏家推崇之後，我們才開始關注。

二十世紀中期以後，臺灣的現代化、實驗性畫家，都是由外國經紀人與收藏家先支持與贊助。如今已經被證明是當時美術史重要的代表性畫家陳其寬、劉國松等人就是很好的例子。追根究柢，因為我們的收藏家缺乏個人審美主張，缺乏藝術價值的判斷能力。

沒有審美的能力就沒有審美的主張，收藏者只能人云亦云，追求現今媒體炒作的藝術品，而媒體炒作的背後勢力為何？各位可想而知。

當收藏者買了一屋子的藝術品，卻沒有自己的審美價值主張，這不是在享受尋寶之樂，而是一種商品投資？名牌消費？或是可以稱為「亂槍打鳥」的尋寶法。

收藏家可以激發藝術家進步

近年來，我應邀在兩岸三地教授文物與藝術品鑑賞課程（圖1-1、圖1-2），也舉辦多次考古文物參訪旅遊團（圖1-3），發現有愈來愈多年輕收藏家，為了增進自身鑑定與審美的能力而參加課程，不論在臺灣、港澳與大陸地區，整體的學習人數日趨增多。

而且來聽課的目的也不同，以前來聽課的人純粹是喜歡藝術品，浪漫抒情的成分居多，以感性為動機；現在來的人則希望以專業的角度來分析藝術品好壞、歷史、書畫與工藝技術，以知性為動機。

感性是一種享受，而知性是將感性帶入深層思索的力量，可以肯定，未來收藏家的素質會愈來愈好。

1-1 應邀赴北京大學講學

1-2 應四川大學邀請赴四川講學

收藏家的進步，同時激發藝術家創作的進步，受到肯定與支持的藝術家會更勇於嘗試，並展現自我的獨特性。當整體社會充滿藝術審美與文化創意的氣息，文化藝術水準自然向上提升。

不可否認，我們每一個人都是由所處的社會培養出來，從小接受社會給予的文化思想，形成的審美判斷反映出社會認同的標準。例如有些人喜歡含蓄典雅的品味，正是因為受到中國傳統的文人美學影響。我們可以說每個民族都有一套審美傳統與價值體系，收藏家必須理解這個民族的審美脈絡。很多收藏家都抱持著「喜歡就買」的心態，喜歡當然可以買，藝術變成一種「消費」，但本身的審美價值是否能與身處的民族文化接軌，卻透露出更重要與深沉的訊息。

1-3 率團參訪古代考古遺址

建立自己的審美哲學體系

不同的民族有不同的審美文化，其差異是可貴的，西方的文化講求「理性」與「科學」，反映在畫作上就是追求精確的色彩與光影，「再現自然」是西方的美學思想。

中國的文化講究「感性」與「本質」，反映在畫作上就是強調心靈的意境，並表現出對生命、心靈的情趣。可是現在臺灣很多藝術家與收藏家，受到西方文化影響很深，忘卻或忽略了自己的想法，創作手法是西方的技藝，審美的標準也是西方那一套思維準則，收藏模式也以符合西方標準為最終目標。

如果藝術家與收藏家沒有培養出符合自身民族的美學價值，永遠都是西方文化藝術的附庸。日本與韓國就很成功地建立起自己獨特的美學價值，吸引外國人學習日本與韓國文化，這值得充滿文化自卑與崇洋媚外心態的臺灣社會進一步深思。

臺灣長久以來欠缺文化與藝術的教育，藝術家創作出來的東西又模稜兩可，既有東方文化，也有西方文化，目前還找不出屬於自己的獨特性，這是臺灣當前需要克服的課題。臺灣早期的畫家到美國學畫，畫出來的作品是美國的風格，但他們卻是道道地地的臺灣人，這些畫家事實上都在迎合美國人的喜好。

我深深覺得，第一流的藝術家或是收藏家都不應該迎合市場。

一個畫家如有沒有自己民族的特性，就沒有獨特感，常玉雖然在法國學畫，卻能夠站在自己固有文化的基礎上，表現出獨特的中國風格。

先進大國如美國、英國與日本，創作與收藏文化都有自己的審美主張，並企圖引領藝術潮流，現今的中國已開始展現這樣的實力，其餘國家就只能亦步亦趨。一個地區收藏家的素質好壞，能展現其藝術欣賞與收藏的最高能力。

每個世代收藏家的眼光與審美價值不同，而古文物的數量與流通有限，所以現代藝術品會成為未來的收藏主流。我常跟學生說二十一世紀炒作的主流會是現代畫，不是古畫，因為古畫的流動太少、贗品太多，而且古畫的審美品味離我們太遠，所以現代的收藏家收藏現代藝術品是很正常的現象。美國歷史不像英、法或中國那麼悠久，沒有太多獨特的古文物，所以自二十世紀中期以來，美國收藏家除了購藏其他地區文物藝術品之外，更全力支持本土的藝術家。中國大陸現在全力支持其國內的藝術家，使得當代與現代藝術品的價格逐年上漲。

成為讓藝廊「心痛」的收藏家

行家要尋寶必須提升知識與經驗，否則只會花一堆冤枉錢，早期臺灣的少數收藏家夙有「盲劍客」之稱，因為這些收藏家一進到畫廊就隨便選、隨便買，買的大多是華麗有餘、藝術性不足的畫作。畫廊業者最喜歡這種收藏家，因為可以把賣不掉的畫作都推銷給他們，如果是具備一流審美判斷的收藏家，所選的畫作都是畫廊會心痛的作品，因為精品賣一幅就少一幅。

我在英國念書之時，發現周遭的收藏家都用系統化的美學思想收藏藝術品，像英國大衛德基金會的創辦人斐西瓦•大衛德爵士(Sir Percival David,1892-1964)收藏很多一流的中國古代瓷器，包括宋朝的皇家瓷器——汝窯，使之成為歐洲研究中國瓷器藝術的重心。他最讓人佩服的一點是，身為外國人，為了要收藏中國最好的藝術品，為了要理解中國的美學價值，費心地閱讀明朝的收藏家曹昭所寫的《格古要論》，並且翻譯成英文出版。就好比我們想蒐集西方的藝術品就必須進入西方的美學價值，才能理解哪些西方藝術品是值得收藏的。

但現在的情況相當弔詭，我們不僅不瞭解中國的傳統美學價值系統，不懂中國藝術價值的品評系統，又糊里糊塗吸收了一堆西方的美學思想與價值標準，最後變成不中不西的「半調子」。

有心進入文物藝術收藏領域的朋友必須建立正確的觀念，收藏需要不斷地累積文化知識與審美經驗，所以有機會就參加文藝講座，或參觀考古遺址，或去博物館、美術館展覽中仔細審視與欣賞（圖1-4）。古人有句話說：「操千曲而後曉聲，觀千劍而後識器。」如此去做，行之有年，慢慢地就會建立屬於自己的審美判斷與鑑識的能力（圖1-5），而在建立審美判斷的同時，我們也要理解藝術與社會的互動關係是什麼？審美代表的意義是什麼？甚至是文化與藝術對於人生的真正意義？在文化尋寶的過程之中，這些都是值得好好思考的議題，從中才可以理解藝術的真諦，享受藝術審美的真正樂趣。

1-5 應邀到日本私人美術館鑑定

1-4 攝於韓國釜山東亞大學博物館

第二章

金屬器篇

青銅器・銅鏡・金銀器・鎏金佛像

青銅器

說物

毛公鼎與散氏盤

最耳熟能詳的青銅器應該是「毛公鼎」和「散氏盤」，兩者都是西周時期的鼎。

毛公鼎是約二千八百年前周宣王時期所鑄造的青銅器，是至今發現上刻鑄字數最多的鼎（一般出土的鼎大多十幾個字，毛公鼎有四百九十七字），也是西周青銅器代表作，其價值及地位難以超越（圖2-1）。

散氏盤鑄造的時間較毛公鼎略早，共有三百五十七字銘文，描述兩國爭奪土地產生糾紛後，劃定土地界限，可說是中國最早的土地契約（圖2-2）。

2-1 西周晚期的毛公鼎

2-2 散氏盤銘文拓片

閩南語仍稱鍋子為「鼎」

鼎的形制最早出現在陶器中，新石器時代就使用陶土製作陶鼎，用來烹煮食物（圖2-3）。

當人們懂得運用金屬來製作青銅器之後，便開始使用青銅材料製作鼎。閩南語中所保留的中原古音仍稱鍋子為「鼎」，鼎就是中國古代用來烹煮食物的器具，在鼎裡放入肉類及其他食物，在其下以炭火加熱燒煮，煮食方式就像現在的火鍋或涮涮鍋。

現代的火鍋是一般民間煮食的器具，古代的鼎在商周時代卻只有王公貴族才能使用，這與中國自古強調「民以食為天」的觀念有關，因為掌握「鼎」的人就擁有分配食物的權力。

2-3 河南二里頭文化出土陶鼎（洛陽博物館藏）

君王招待臣子，用大鼎煮食物，在每位臣子面前放一個小鼎。君王將食物分配給臣子，象徵他具有分食的指揮權，由此衍生出宰割別人生死、統治眾人的權力，是身分與地位的代表。商周以後，沿襲這一傳統，歷代中國人都以「鼎」做為個人行使國家權力的象徵。

國之重器，一言九鼎

據傳夏禹建立夏朝之後，將天下分為九州，用天下九牧所貢之金鑄成「九鼎」象徵九州（冀州鼎、兗州鼎、青州鼎、徐州鼎、揚州鼎、荊州鼎、豫州鼎、梁州鼎、雍州鼎）。

周代禮制在階級制度上有所謂「列鼎」

2-4 列鼎制度。春秋時代蟠螭紋青銅鼎（洛陽博物館藏）

的制度，對於鼎的使用有嚴格規定：「天子用九鼎，諸侯用七鼎，大夫用五鼎，士用三鼎或一鼎」。到了東周則是：「天子、諸侯用九鼎，卿用七鼎，大夫用五鼎，士用三鼎或一鼎」（圖2-4）。

鼎以及伴隨的其他銅器像是簋、豆等，都屬於禮器，在「禮不下庶人」的周代喪葬制度中，鼎、簋、豆等都是貴族的專屬品，一般平民百姓陪葬器只能是日用陶器。因此，鼎很自然地成為擁有正統政權的象徵，進而成為國家的傳國寶器。

夏禹將九鼎分給九個部落王，所以成語「一言九鼎」指的是天子可以掌握決定權，引申天子說話很有分量。春秋時代，楚莊公曾問周定王使臣：「周王的鼎有多大？」問鼎一事，被視為覬覦國家權力的行為。

2-5 泗水撈鼎畫像磚（河南博物院藏）

秦始皇統一六國後，九鼎已不知下落，根據當時的傳說，九鼎沉沒在泗水彭城。秦始皇為了鞏固政權，強化其共主地位，出巡泗水時曾派人潛水打撈，結果徒勞無功（圖2-5）。

一九四九年，蔣介石從南京撤退到臺灣時，特別帶來毛公鼎及散氏盤這兩件家國重器，其含意不言可喻。

溫故知新

銅、錫、鉛冶煉成青銅器

自然界存在著天然的純銅塊（即紅銅），銅是人類最早認識的金屬之一，但紅銅的硬度低，不適於製作生產工具，所以，在生產中發揮的作用不大。

後來人類又發現了錫礦石，並學會提煉錫，在此基礎上發現添加錫的銅（青銅），比純銅的硬度高。約在新石器時代晚期，發展出合金技術——利用銅、錫、鉛三種金屬冶煉成青銅器，歷史進入青銅器時代。

依據考古出土資料，青銅是目前所知人類使用金屬的開始，可說是當時最新的「科技產品」。最早製作青銅器的地方，是靠近銅礦產地以及燃料取得方便的地方，而且必須會使用

2-6 三星堆文化青銅大面具（三星堆博物館）

高溫度的火（燃燒達一千度以上），其中製作青銅器最具代表性的地方是中國和西亞地區。

依據考古出土資料顯示，西亞的青銅器通常是一些小型配件、雕塑、車馬裝飾和武器。但中國的青銅器卻是一種「器用文化」，青銅被用來做食器、酒器、水器、兵器、車馬器、樂器、禮器、貨幣等。食器就是生命權力的象徵，至於酒器，則是人與神、鬼、祖先溝通的器具（商朝是巫術社會，透過喝酒讓人在醺醺然、意識鬆弛的狀態下，感受精神世界與靈界的召喚）。

齊家文化、二里頭文化、三星堆文化的青銅器

中國青銅器文化最早追溯自新石器時代晚期，甘肅省的齊家文化出土幾把青銅刀，但因為沒有發現青銅的煉渣、作坊及遺址，部分學者推測可能由西域貿易交換而來。

而歸類於夏至商代的河南二里頭文化，也發現了幾十件爵（酒器），形制素雅且沒有紋飾，同時發現作坊的遺址，證明這些酒器由中國人自行製作。在商王武丁（約西元前一二五〇至一一九二年在位）的妃子婦好的墓葬裡，也發現許多巨大且帶有紋飾的青銅器。

除此之外，在四川三星堆文化（約相當於商代晚期）也發現一批祭祀用的青銅器，其中包含巨大的青銅面具（圖2-6）、高達五公尺的青銅塑像、以及約三公尺高、有著大眼睛、

大鼻子與大嘴巴的青銅神像，證明在商代晚期，中國西南的四川地區也已經進入青銅時代。

青銅器的多用途

商代是奴隸社會，只有貴族才能使用青銅器，一般人只能使用陶鼎煮食物。到了周代，用食器象徵地位和權力的制度已非常完整，因此出現所謂「鼎簋制度」——鼎用來煮肉，簋是盛放米粟與熟食的食器。不同階級的人使用的食器數量也不同，天子是九鼎八簋，諸侯是七鼎六簋，最基層的士（讀書人）是一鼎一簋（圖2-7）。

在商代，青銅除了用來製作鼎、簋等器物，還做成砧板、鏟子、刀子等，彰顯出當

2-7 鼎簋制度。春秋時代青銅簋（洛陽博物館藏）

時以青銅為主的飲食文化。青銅刀非常鋒利，適合切割肉塊，比石刀、玉刀好用得多。湖北戰國時代曾侯乙墓所出土的箭鏃，歷經兩千年之後，仍然可以一次劃開二十張紙，可見古代冶金工藝技術的成熟與精到之處。

此外，青銅也用於製造武器、農具，武器用來征戰，可保衛或擴張部落領土；農具則用來耕作，是農業生產的工具。

周代滅商，對商代末期殷商貴族「酒池肉林」的奢靡風氣引以為鑑，社會由崇尚巫術與奴隸制度，轉變為以敬天祭祖與儒家禮儀為主的社會，所以青銅食器、酒器的紋飾與器形風格逐漸改變，酒器數量也大量減少。

青銅器製作技術應該是由北方傳到南方，依據目前考古資料顯示，直到商代晚期，南方才發現青銅器文化，春秋時期的越王句踐和吳王夫差都有個人專用的青銅劍。

春秋戰國之後，宗法制度開始崩壞，從春秋五霸到戰國七雄，每一方諸侯王都競相想成為中央霸主，因此徵求天下的能工巧匠，製作更華麗、精緻的青銅器。青銅器從禮器變成家用器具，紋飾愈來愈華麗，愈來愈複雜，同時，形制也由巨大轉變成中等大小。

青銅器愈做形制愈小而精緻，一方面由於銅礦被群雄瓜分，另一方面工匠製作技術從陶範法（以泥土為主要材料燒結成鑄模），進步到以蠟為模，可以製作花紋更精細的青銅器。

一九八三年，河北省平山縣的中山王墓出土大量錯金銀器，包括舉世無雙的金銀鑲嵌四龍四鳳銅方案（圖2-8）、錯金銀虎噬鹿屏風底座、十五連盞燈、錯銀雙翼神獸（圖2-9）、銀首人俑銅燈等。其中金銀鑲嵌龍鳳形銅方案極為精巧，周身飾有錯金銀色花紋，下方有四隻橫臥的梅花鹿，四肢曲臥於一圓形環底座，中間於弧面上立有四條獨首雙尾龍，龍身各盤繞一隻鳳凰，上方龍頂拱承一飾有雲紋的方形案框。

青銅器沒落

秦滅之後，進入了漢代，隨著鼎簋制度萎縮，青銅禮器逐漸減少。此外，先是漢代以青銅作為貨幣；其次，瓷器在東漢出現了，質量輕又耐酸鹼、好清洗，取代了容易生鏽的青銅器，而逐漸成為器物製作主流。

漢高祖劉邦出身民間，建國之後與民休息，勵行節約，製作耗工費時又浪費財源的青銅器逐漸被冷落。後來漢武帝獨尊儒術，端正社會風氣，大量發行銅貨幣，銅礦資源被移轉到貨幣製作（圖2-10）。

繼位的漢文帝、景帝開創了政治穩定、經濟發展的盛世，鼎不再用來恫嚇人民，青銅器的器形大幅度縮小，紋飾的巫術性質減弱，轉而出現花卉、禽鳥、魚等自然植物與動物花紋，

2-8 戰國時代中山王墓出土的金銀鑲嵌四龍四鳳銅方案

2-9 戰國時期中山王墓出土的鑲嵌雙翼神獸

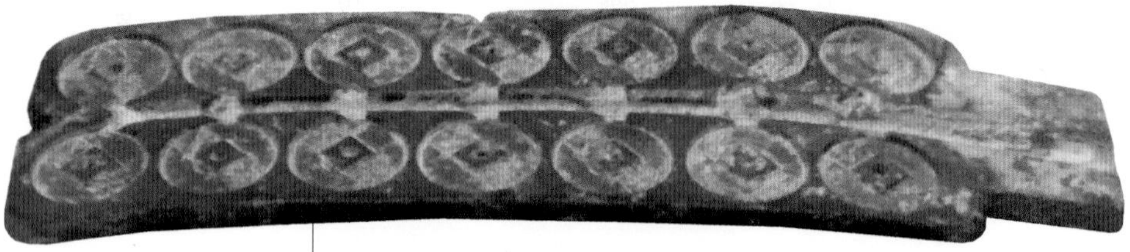

2-10 東漢鑄造五銖錢陶範（洛陽博物館藏）

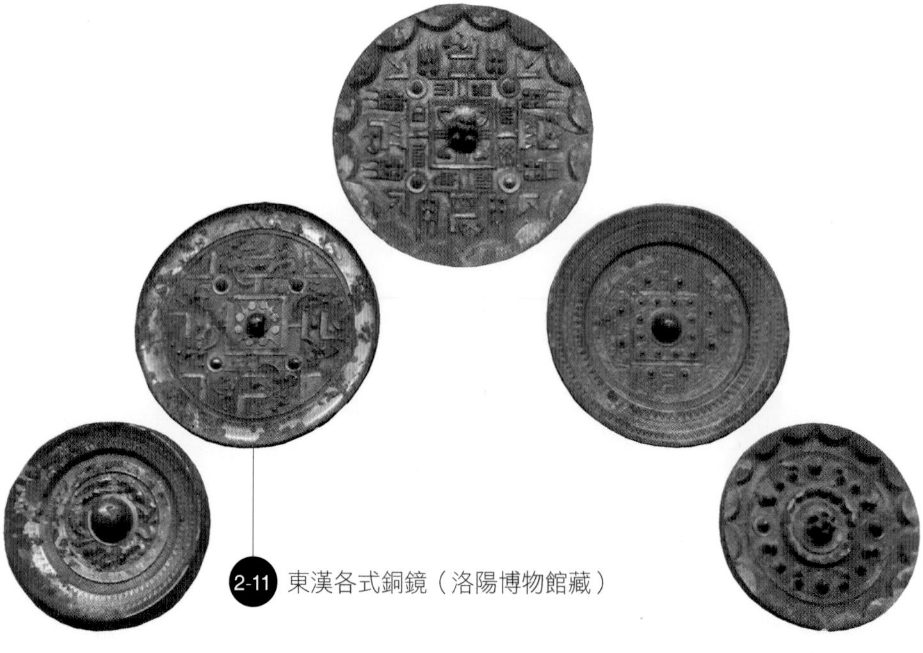

2-11 東漢各式銅鏡（洛陽博物館藏）

紋飾以歌詠歷史、花草植物等為主，展現出更接近人性趣味的藝術性。

漢代貴族將對青銅器具的喜愛轉向青銅鏡，銅鏡製作成為漢代的代表性工藝，鏡背的紋飾多為生活題材，以山川、日月、花草、禽鳥、魚龍、銘文為主（圖2-11）。

漢代以後，青銅器逐漸沒落，但並沒有完全消失，除了銅鏡，部分銅料用於製作佛像與貨幣。東漢開始出現便宜而輕巧的瓷器，加上漆器早已經被普遍使用，以及「鼎簋制度」消亡，青銅禮器逐漸退出歷史舞臺，但是其象徵國家重器和權力的意義與傳統一直沒有改變。

鏤之金石，存之久遠

自古以來，中國人習慣將有意義的歷史事件「鏤之金石，存之久遠」，這裡的「金」指的是青銅，因青銅的成色為金閃閃的黃金色澤，因此在古代稱為「金」。由於其金色的光澤，在六朝時被大量拿來製作佛像，用來象徵佛陀的圓滿金身。

魏晉南北朝時，因青銅器的技術流入民間，所以有特別多青銅小佛像。但青銅佛像的製作牽涉到材料與工藝複雜的問題，當時青銅佛像的形制一般較小，大型佛像則以石雕為主。

唐代因國力強，以青銅、石雕、漆器等製作大佛像。至了宋代以木雕佛為主，直到元代，蒙古貴族崇尚金屬器的習尚，喜歡以金銀、青銅或鐵鑄造佛像。

目前，全世界的青銅器收藏還是以中國大陸為主，在陝西周原等地，至今還陸續有青銅器出土。中國政府對於古代青銅器非常重視，以強大公權力禁止其外流，所以海關單位對這類寶物的檢查特別嚴格。

青銅器的鑑定

歷經滄桑的含蓄美感

一、歷史分期

要鑑別青銅器，必須先有歷史分期的概念，還要瞭解各時代青銅工藝材料與技術的特色，更要認識青銅器的紋飾與造形特徵。

1. 夏代青銅器，素面無紋飾，器形小，酒器（例如：爵）較為多見，青銅質地較粗。
2. 商代青銅器，紋飾從簡單到豐富，以饕餮紋為主，器形愈做愈大，青銅質地較佳。
3. 商到西周的青銅器，紋飾豐富，以饕餮紋為主，而後轉變為以禽鳥、魚龍、人物與雲雷等紋飾，紋飾中出現許多銘文，器形趨向巨大。至於簋，商代沒有高臺座的簋，到了西周才出現較高臺座的簋。這些器形上的演變，我們必須細心觀察。

4. 東周到秦，青銅器紋飾豐富，從以禽鳥、魚龍、人物與雲雷等紋飾為主，器形趨向中小形制，以脫蠟法（又稱蠟模法）製作模具，因此出現大量鏤空的紋樣與造形，紋飾工藝也出現所謂「金銀錯」的鑲嵌金銀絲線的技法。

5. 漢代因為鼎簋制度縮水，鼎、簋等禮器與尊、爵等酒器的製作式微，貴族開始熱衷青銅鏡，紋飾趨向於生活題材，以山川、日月、花草、禽鳥、魚龍為主，銅鏡文化成為漢代青銅器的代表作。

二、材料

青銅是銅、錫、鉛的銅合金，先從銅礦中提煉出銅料，再加上不同比例的錫與鉛。加鉛可以降低銅的熔點，讓銅漿液化得較好，容易在陶範之中成形；加錫則是為了加強硬度。製作不同用途的青銅器具應用不同比例的配方，《周禮・考工記》記載：「金有六齊。」「齊」是「劑」，是配方的意思。

「金有六齊：六分其金而錫居一，謂之鐘鼎之齊；五分其金而錫居一，謂之斧斤之齊；四分其金而錫居一，謂之戈戟之齊；三分其金而錫居一，謂之大刃之齊；五分其金而錫居二，謂之削殺矢之齊；金錫半，謂之鑑燧之齊。」

對於這六種青銅器的合金配方，歷來有不同見解，關鍵在於對什麼是「金」，什麼是「錫」的定義上。有的學者認為「金」指的是純銅，因此「六分其金而錫居一」的銅錫比為6：1，其餘類推。如果「金」指的是青銅合金，那銅錫比就變成5：1了。至於錫，大多數學者認為是純錫，不過也有部分學者認為「錫」是鉛與錫的總稱。以下列出兩種不同解釋的合金比例，以供參考。

	金指純銅 金：錫	金指青銅 金：錫
鐘鼎之齊	6：1	6：1
斧斤之齊	5：1	4：1
戈戟之齊	4：1	3：1
大刃之齊	3：1	2：1
削殺矢之齊	5：2	3：2
鑑燧之齊	1：1	0.5：0.5

若是細心研究，一定可以發現鑑燧之齊的銅錫比例高達1：1是不合理的配方。因為錫含量過高時，所做出來的合金質地會變得脆弱，容易碎裂。因此有學者認為「金錫半，謂之鑑燧之齊」，「金」指的應該是純銅，「金錫半」應該是金一錫半的意思，鑑燧之齊的銅錫比例應該是2：1。

我們現在看到的古代青銅器，表面往往是灰褐綠或墨綠色，那是銅鏽造成的效果，並不是本色。青銅器的本色應該是像黃金的顏色，所以古人又稱其「吉金」（圖2-12），而刻在青銅器上的文稱為「金文」。所以在鑑定古代青銅器時必須注意，有少部分青銅器會顯露出保留完整、尚未被鏽壞的金色部分。

古代的金屬煉取技術相對不佳，萃取出來的銅會有很多雜質，可以從器物的胎體（器身）去鑑別。所以銅鏽有土黃、褐色、粉白、翠綠、寶藍等顏色，代表其中含有鐵、鉛、銅、錫等金屬成分（圖2-13）。

三、工藝技術

以陶範法與蠟模法為主，陶範法早於蠟模法，但也可以合併使用。一般而言，蠟模法應該是開始於春秋戰國的技術，所以我們現在看到的春秋戰國時代青銅器，鑄造技術比較精緻，出現了立體的鏤空器形與裝飾技巧。戰國時代的曾侯乙墓就有一個青銅建鼓銅座，其基

2-12 少數古代青銅器保留了青銅黃澄澄的本色

2-13 青銅器銅鏽

座是許多穿梭的蛇群，精緻而生動，就是應用蠟模法所製作的青銅器典型（圖2-14）。

陶範法是用數個陶模嵌合在一起（圖2-15、圖2-16），嵌合處會出現一條痕跡，稱為「範線」。因為早期技術的限制，部分商周時代青銅器的範線容易錯位，如果是大型器物，甚至連花紋裝飾也會有錯位現象。另外，澆灌銅漿時容易產生氣泡，或者有裂縫。這樣的技術是當時的時代標誌，後來技術提升，範線痕跡漸漸消失（圖2-17）。

四、藝術風格

造形風格

商代早期的青銅器物件稍小，商中期以後到西周，因為國力愈來愈強盛，所以出現巨大的器物，以彰顯國力，形制多樣，以鼎來說有三足、四足、圓的、方的鼎。而器物

2-14 曾侯乙墓建鼓銅座

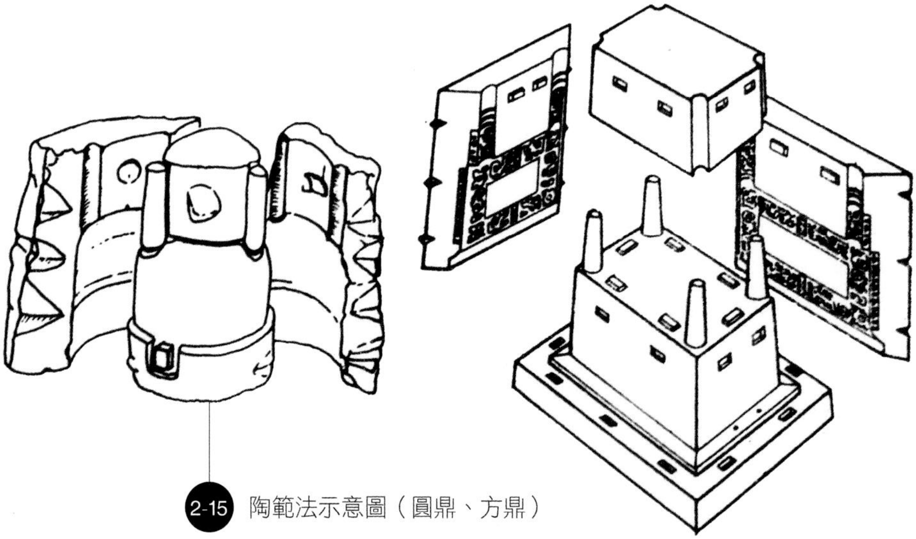

2-15 陶範法示意圖（圓鼎、方鼎）

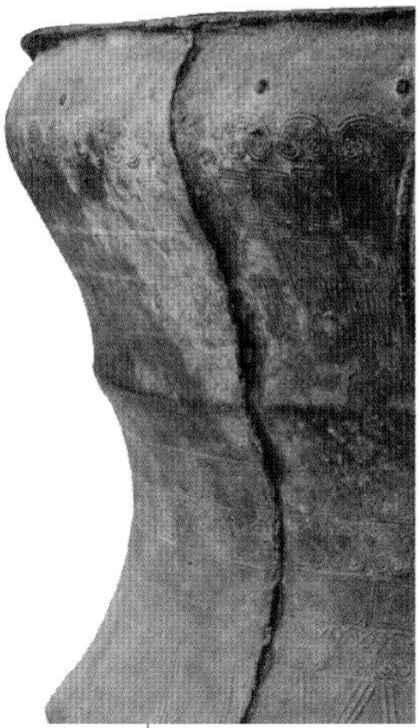

2-17 陶模範線痕跡

2-16 青銅陶範殘片（洛陽博物館藏）

2-18 西周獸面紋方座青銅簋（洛陽博物館藏）

的大小，從商代巨大的鼎，到東周時期開始呈現精緻小型的物件，且因為技術進步，銅胎有逐漸變薄的趨勢。

青銅器的形制和裝飾花紋，反映當時的政治、社會及生活，商到西周時期，用鼎來象徵權力並恫嚇人民，鼎很巨大，上面的紋飾常常是可怕的饕餮紋（圖2-18）。

饕餮是傳說中一種凶惡貪吃的野獸，西周以前的鼎身常以饕餮紋為主題，只雕出饕餮的臉，有突出的圓眼，眉毛和捲曲耳朵，背後襯著雲雷紋。西周以後，饕餮紋漸漸較少出現在鼎身，而改出現在器物的耳或腳作為紋飾，等於失去其主體地位。

從紋飾來看，河南二里頭文化遺址發現沒有花紋的爵；到了商代中晚期，出現被大陸學者李澤厚稱為「猙獰的美感」的饕餮紋；再到西周的鳥紋、鳳紋、象紋等；東周器物上更出現了風景、植物、幾何、歷史典故的圖飾，走向柔和婉約的人性化風格。

文字風格

商代中期的青銅器開始出現少量文字，西周時期，青銅器上出現文字的數量愈來愈多，前文提到的毛公鼎和散氏盤，都是西周時期的作品，字體屬於早期的大篆，一直到了東周，青銅器上出現了「鳥蟲文」（字形像鳥、動物）的文字裝飾（圖2-19）。

春秋戰國青銅器開始流行鎏金工藝與鑲嵌金銀絲、彩色寶石、綠松石與玉石等，特別是

2-19 青銅戈上的鳥蟲書
（中國北里中國文字博物館藏）

2-20 戰國時期鎏金與鑲嵌玉石青銅帶鉤

戰國時代的「戰國工」的鑲嵌工藝，在金澄澄的地子上，展現光輝閃耀的有色寶石，更能顯現百家爭鳴的時代，崇尚豪邁與富貴的華麗氣質，有別於商代青銅器物單純的神鬼、巫術氣息，以及威嚇的神權意味（圖2-20）。

五、老化現象

青銅器自商代流傳至今，當然都會有老化現象（在金屬接觸空氣以後產生的氧化現象），表面產生保護層，形成「銅鏽」。在經年溼度、溫度變化與四季更迭，冷、熱、溼、乾等不同環境氣氛的影響下，古代銅鏽呈現出細緻的層次感，也因為銅胎的純粹度不同，裡面的微量金屬元素，會生成五顏六色的銅鏽，因此古董界有所謂的「黑漆古」、「綠漆古」、「孔雀綠鏽」、「寶石藍鏽」等稱呼。

古銅器上的銅鏽，是各種礦物化的銅鹽類結晶物，如果我們從顯微鏡下觀察，可以看到這些礦物結晶層以散布方式，或一簇簇錯落生長在器物表面，有時候能看到礦物的結晶。這種充滿天然變化的礦物分布無法以人工方式在短時間模仿，因此可以做為辨別青銅器真偽的依據之一。除此之外，古代青銅器上有紋飾、刻銘、鑄銘和鑲嵌物，在生鏽過程中也同樣會有被腐蝕，或被銅鏽所掩蓋的情況。製作假銅鏽一般使用化學方法做舊，應用化學酸劑咬蝕或是將銅器埋在地下一段時間，或採用特殊材料，如漆皮、硝基漆、大漆、環氧樹脂等，調和不同的顏料做舊。一流的假銅鏽，外觀可以亂真，但是若放在顯微鏡下觀察，就會發現假鏽缺乏立體的層次感，也缺乏自然形成的礦物特徵。一般而言，假繡都以無機物為主，絕大部分不溶於水和有機溶劑，所以使用像乙醇、二甲苯、丙酮、二氯乙烷之類擦拭銅鏽，如果發生變化，必是假繡。但是古代部分青銅器因為表面採用了大漆處理，必須特別注意例外狀況。

一般做假的銅鏽是應用化學酸劑腐蝕而來，那是只浮在表面的東西（圖2-21）。真正的古代青銅器，其上的銅鏽是從裡面長出來的，鑑別時候可以由此觀察。另外，可以從器物表面看有沒有坑洞，觀察裡面的銅鏽及積塵的狀態，是否有老化的現象。

除此之外，古代青銅器歷時悠久，自然會呈現一種不慍不火的蒼古感覺，那是歷經滄桑的含蓄美感，也就是古董界術語所說的「包漿」。

2-21 使用化學藥劑做成的假鏽現象

銅鏡

說物

道教與銅鏡的關係

漢武帝雖然宣稱獨尊儒術，但事實上，民間還是盛行道家思想，道教的活動非常活躍，當時是「外儒內道」的社會。外在以儒家思想作為統治手段，內在還是以道家思想為主，並援引道教信仰做為生活依據，特別是長生不老術與煉丹術，而這樣的思維也反映在鏡子的製作上。

漢代的鏡子，一種是用來映照容貌的凸鏡面；一種是可以聚集陽光用來生火的凹鏡面，象徵陽隧之氣。道教認為只要人可以煉成純陽之身，就能長生不老，所以鏡子被道教用來象徵汲取陽氣。另外，因鏡子可以用來聚集陽光，被道教認為具有聚集純陽的作用，可以避邪，直到現在，鏡子依然是風水學常常使用的物品。

溫故知新

漢代是銅鏡工藝最輝煌的時期

大約四千年前，中國人即開始使用銅鏡。直到漢代，銅鏡工藝進入最輝煌的時期，當時銅鏡不只用來鑑照臉部，也是聚光點火之器，被道家、陰陽家引申為可以遠離陰邪與鬼魅的聚陽之器。

為了彰顯擁有者的地位，鏡背設計及做工精巧，除了刻鑄上吉祥語句及花紋之外，還鑲嵌各式寶石，或運用淺浮雕、鎏金等技術進行裝飾。

到了隋唐時期，更進入金碧輝煌的金銀鏡的繁榮期。

美術史界的「戰國工」

人類懂得銅、錫、鉛合金技術後，廣泛地利用青銅製作各種器具和武器，一直到了春秋時代後，工匠成功地從礦石中提煉出鐵，並製成鐵器。鐵器製作出的武器比青銅更有殺傷力，對當時的統治者來說，誰能掌握冶鐵的技術，就有稱霸天下的條件。

2-22 戰國時代四山羽狀地紋青銅鏡（紹興博物館藏）

春秋戰國諸侯彼此競爭，每一個君王都希望能統一天下，取代周天子的地位。所以這些諸侯廣招天下能士，包含工藝家，例如鐵匠、陶藝工匠等。

從出土的器物可以發現春秋戰國時期工藝競爭的程度，不論是陶器、玉器、漆器、青銅器與鐵器等，稜角分明，相當精緻。中國美術史界一向以「戰國工」來形容這個時代的工藝技術精湛，由戰國時代青銅的繁複與精緻程度可以得見（圖2-22）。

漢武帝以後，唯一能表示貴族身分的青銅器物

鐵器出現以後，青銅器漸漸不再作為武器。到了漢代，漢武帝發行以銅為原料的「五銖錢」作為官方貨幣，銅料漸漸稀少，並掌握在國家手中。加上鼎簋制度到了漢代就已經沒落，銅料也不再被用來製作大型的青銅器，貴族不流行使用青銅器做為地位的象徵，唯一能表示貴族身分的青銅器物只剩下銅鏡。

中國銅鏡的歷史最早可追溯至新石器時代晚期、距今約四千年前的齊家文化就曾經有青銅鏡出土。到了漢朝，銅鏡被發揚光大，漢代以後到唐代主要流行鎏金或塗金的金銅鏡。

銅鏡的設計

銅鏡在漢代作為地位的象徵，光滑面用來鑑照自己，背面就設計做為欣賞之用，因而成為工藝家表現創意與美感的地方。花紋與裝飾愈精緻，愈能彰顯擁有者的身分與地位（圖2-23）。

鑑賞銅鏡時，主要是看銅鏡的形制、鏡背與鏡紐（古代銅鏡背面中央凸起的孔洞，便於穿上細繩攜帶或是拿取），不同的朝代各自有不同的設計風格。例如漢代的銅鏡器形以圓鏡為主，唐代銅鏡器形則出現許多花式鏡（圖2-24）。

在漢代，鏡背反映出當時崇尚神仙、追求長生不老等思想，紋飾出現許多象徵長壽、吉祥的仙山、雲紋、太陽、鶴、松柏等，另外也常會刻上銘文，如「聚日之光、子孫

2-23 東漢銅鏡（洛陽博物館藏）

2-24 唐代菱花口式瑞獸銅鏡（洛陽博物館藏）

永保」等吉祥話。

整體而言，漢代銅鏡設計，顯示出端莊穩重的氣質，符合當時儒家思想的社會氣息。

銅鏡的鑑定

如何製作贗品銅鏽

一、材料器形

以漢代的銅鏡為例，首先要符合漢代形制，漢代銅鏡一般以圓形為主（大小約直徑二十公分），也有少數花口形與方形，如果器形與裝飾過於華麗與俏，就不符合漢代的風格。

二、材料

銅鏡是以銅、錫、鉛三種金屬的合金製成，因為古代煉製金屬的技術較差，銅質的雜質比較多，如果有露胎的地方，可以用放大鏡看看。青銅料有好有壞，有的細緻，有的粗糙，必須深入瞭解，多方比較。

三、紋飾

以漢代為例，必須看銅鏡的紋飾、設計手法是否符合漢代常見的仙山、雲紋、太陽、鶴、松柏等紋飾。當時一般平民百姓要照容貌，只能用水或是沒有裝飾的銅鏡，只有皇室、貴族、官吏等才有能力使用鑄造精美、花紋細緻的銅鏡，所以當時的銅鏡集最好的材料與先進技術之大成，在工藝上相當講究。

我看過很多仿製漢代銅鏡的贗品，有些贗品用粗略的模子灌漿製作，深淺凹凸的紋樣不夠立體、深邃，如果是真品，因為年代久遠，紋樣的凹槽內會有自然風化與老化的情形，而不只有外表磨損，這些小細節都是可以鑑別真偽之處。

四、老化

青銅器與空氣中的氧結合後會產生銅鏽，銅鏽顏色五彩繽紛，如藍、綠、黃、紅，甚至是黑色等。顏色取決於埋藏地點的土質，或是否受到其他物質的侵蝕。銅鏡大量出現的年代一般比青銅器還要晚，所以材質的純度比青銅器要好一點，銅鏽也沒有青銅器那麼多。除了部分地方，多多少少還是會有銅鏽，整體的保存狀況比較好。如果埋藏的過程中沒有經歷太多土沁與腐蝕，出土時仍然會保持在很好的狀況。

銅鏡贗品主要利用三種方法產生銅鏽。

第一種，浸泡在化學溶液中，利用溶液的腐蝕性產生銅鏽，但化學溶液本身會揮發出刺鼻味，因此在鑑定時可先用鼻子聞一聞，確認有無化學溶液的味道。

第二種，塗抹上一層層類似銅鏽的化學物質。仔細審查銅鏽的分布，平均而無層次，而且整器看起來因為銅鏽層次一致，顯得黯淡無光，毫無生氣。

第三種，將蒐集的古代青銅器殘片的銅鏽刮下來，再用膠水黏在贗品上，偽裝老銅鏽（圖2-25）。這要很仔細地去看銅鏽是從內產生出來，還是僅僅附著在表面上。特別要注意，人為加工的銅鏽只會在表面上產生薄薄的一層鏽，但事實上，銅鏡因年代久遠，加上曾經被使用，不會只有一層銅鏽，也不會很平均地分布在銅胎表面，而應該有凹凸不平的現象，甚至是斑駁的狀況。

2-25 銅鏽以膠水貼附在青銅器上

金銀器

說物

稀有的金銀

金、銀屬於稀有金屬，加上亮澄澄的外表，自古受到喜愛。漢代因道教興盛，方士除了拿金銀來煉丹服食，也以其做為食器。《抱朴子》作者葛洪說：「服金者壽如金。」另外南北朝梁代陶弘景《本草經集注》，將金屑、銀屑納入藥方，可見金銀在中國人心目中的地位。

廣用金銀的大唐盛世

唐代因國力強盛，金銀耀眼的色澤正可以代表大唐盛世的氣象，所以金銀開始廣泛地被用來製作器物，不過礦脈是國家所有，對使用金銀器有嚴格規範，如《唐律疏議》中規定：「官職在一品以下，不可用純金作為食器。」神農二年（西元七〇六年）更進一步規定：「所有一品以下官員的食器，不可以使用純金，六品以下官員不得使用純銀。」因此，金銀器在唐代被形塑成一種展現身分、階級與地位的象徵。

一九七〇年，西安何家村窖藏出土了一批金銀器，其中一件唐代的「鎏金舞馬銜杯仿皮囊銀壺」，上面刻劃了一匹跳舞的馬，嘴裡還銜著一只酒杯，印證了當時的貴族喜歡看馬表演跳舞，尤其是唐玄宗，《舊唐書音樂志》卷四記載：「……引蹀馬三十匹，為〈傾杯樂曲〉，奮首鼓尾，縱橫應節。又施三層板床，乘馬而上，抃轉如飛……」表演完後，皇帝會賜酒給馬，當時的宰相張說就曾在為唐玄宗祝壽的〈舞馬千秋萬歲樂府詞〉三首中寫到：「更有銜杯終宴曲，垂頭掉尾醉如泥。」生動地描繪出馬喝了酒後，醉醺醺的景象。從銀壺上的圖案，可以一窺當時宮廷的歌舞昇平（圖2-26）。

何家村還出土了十二隻小金龍，每一隻外觀都不同，但都呈現行走狀態。唐代的皇帝奉老子李耳為祖先，唐玄宗更追尊老子為「大聖祖高上大道金闕玄元天皇大帝」。老子被視為道教的始祖，因此有學者認為這十二隻金龍是唐代皇帝舉行國家齋醮祭祀大典中，「投龍祭祀」所使用的法器，祈求國泰民安，風調雨順（圖2-27、圖2-28）。

溫故知新

商代晚期就有黃金飾品

黃金工藝早在商代就出現，著名四川三星堆文化的青銅人像上貼有金箔（圖2-29），也出

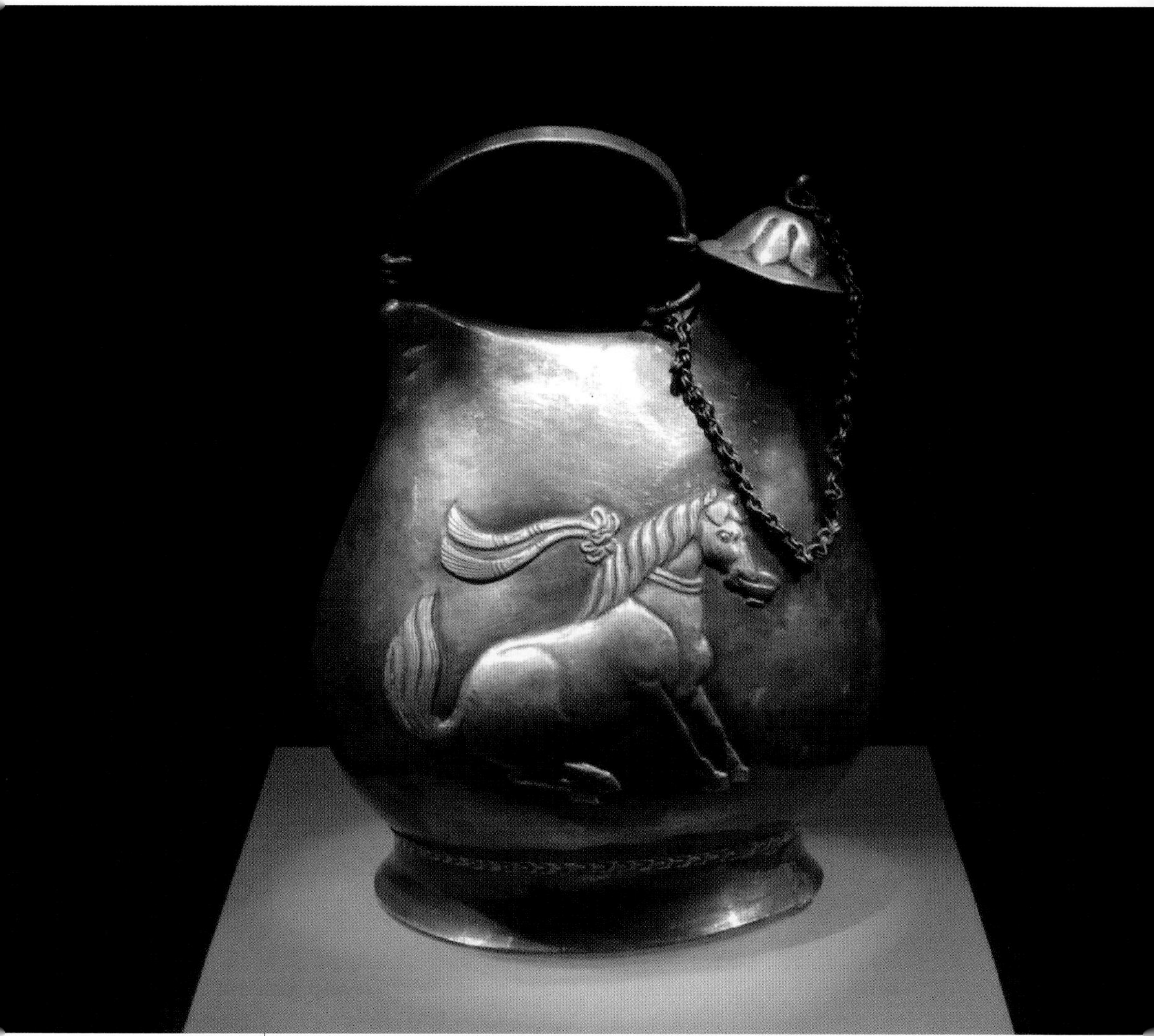

2-26 鎏金舞馬銜杯仿皮囊銀壺（陝西西安何家村窖藏）

2-27 十二小金龍

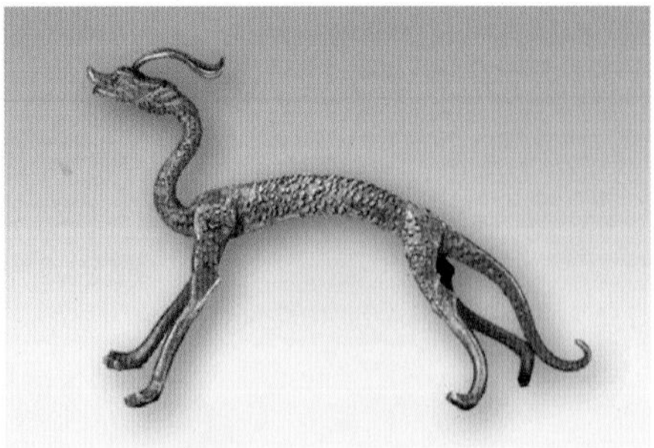

2-28 小金龍之一

2-29 三星堆貼金箔
青銅人像

現了金面具，證明商代晚期就有黃金飾品，只是當時主要把黃金打成薄薄的金箔，到了春秋戰國時代，才出現鎏金和金銀抽絲的工藝技術。

多樣的製作技術

金銀比較貴重，礦產存量較少，很少用來製造器具，直到唐代國力強盛時，金銀器才大為流行。金銀器可分為純金、鎏金、貼金箔、錯金、塗金、掐絲等技術。單純把泥金塗在器物表面上的技術稱為「塗金」。「鎏金」則採用金汞劑，以金加上水銀等物質，塗上器物表面，然後用無煙炭火燻烤，使水銀蒸發後，金子就會牢固伏貼在器物上，但這個作法往往造成工匠因為汞中毒而身亡。如今看來，這些美麗的金銀器，可以說是古代工匠用生命換來的。

漢代主要是鎏金和金銀絲的鑲嵌器物，例如著名的長信宮燈，就是青銅鎏金燈具。一九六八年於河北滿城中山靖王劉勝妻子竇綰墓出土，燈盤、燈罩可以轉動開合，以使調節燈光照度與角度。宮女右臂中空，可以導入燈煙，使得室內空氣潔淨。燈上共刻有銘文六十九字。其中有「長信」字樣，證明為長信宮所有（圖2-30）。

唐代金銀器成形的方法，主要使用三種工藝技術：鏨刻、搥揲、掐絲。「鏨刻」是雕刻法，搥揲則是用搥子慢慢敲打出器物的形狀，「掐絲」是把黃金抽成金絲，用金絲再組成圖案，最後用膠水黏劑貼到器物表面。

唐代是金銀器最輝煌時期。一九七〇年，陝西西安附近的何家村窖藏出土兩個陶甕，裡面約有一千多件寶物，其中金銀器皿占二百七十一件，藝術史學家推測，應該是唐代貴族逃難時，慌亂之際埋在土裡，後來就再沒有機會回來挖出才能保留至今（圖2-31）。另外在南方，一九八二年江蘇丹徒丁卯橋地區也出土了一批唐代金銀器，可以證明當時中國南北兩地可能都有相當水準的黃金作坊和工藝匠師（圖2-32、圖2-33）。

金銀茶具

一九八七年，西安法門寺內的一座塔，因大雷雨而坍塌，工人在修建過程中發現塔底下有一處通往地下的入口。經考古後得

2-30 漢代長信宮燈（河北博物館藏）

2-31 何家村出土唐代鎏金葵口盤

2-32 江蘇丁卯橋出土唐代鎏金銀盤

2-33 唐代鎏金魚化龍紋大銀盆（局部）（鎮江博物館藏）

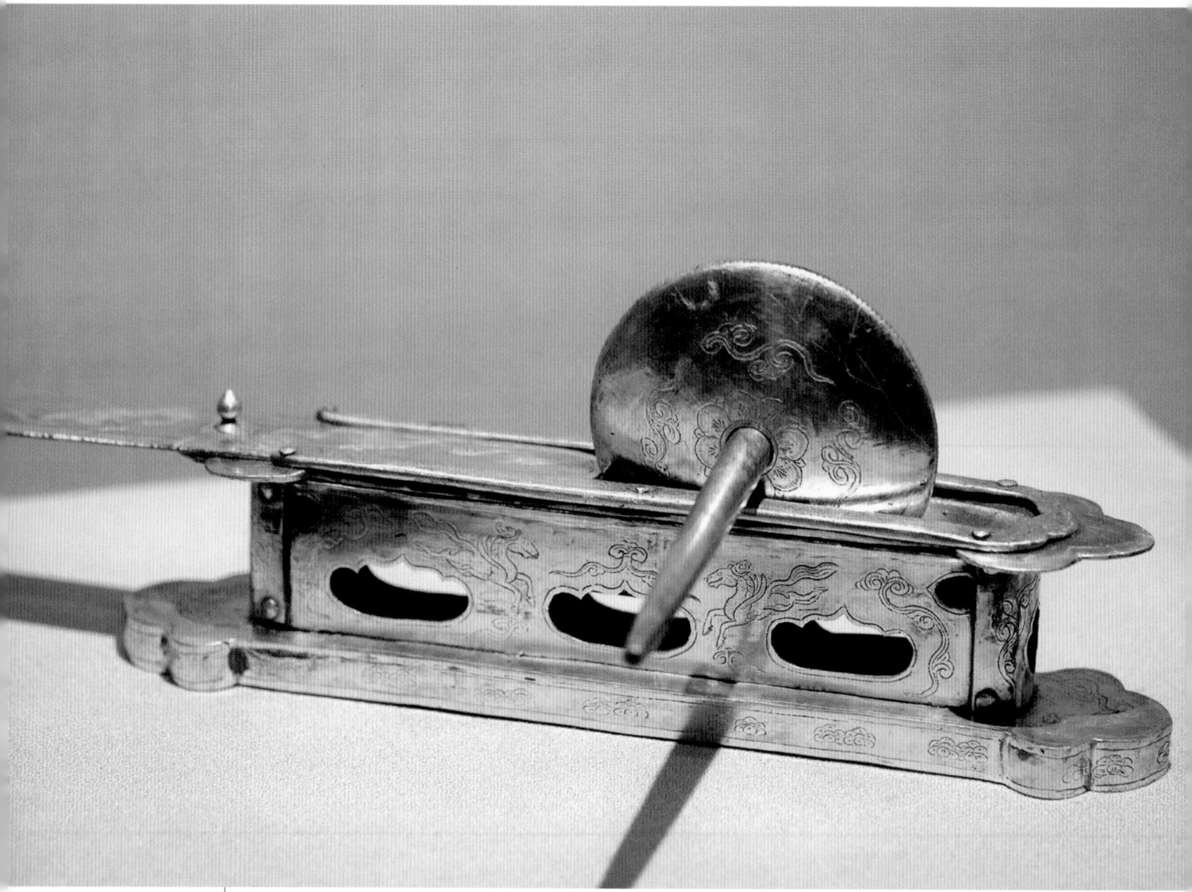

2-34 唐代鎏金銀器茶碾子（法門寺博物館藏）

知，這裡原是唐代的皇家寺院，藏有很多珍貴古物，包括金銀器、陶器、絲綢，全部是皇家獻佛的物品，應該是在唐武宗毀佛時期，被寺院窖藏而保存下來。

其中有一組金銀茶具，包括金絲編成的金茶籠、銀碾子、金篩子以及大銀盤（圖2-34、圖2-35）。唐代是煎茶法，喝茶前把茶葉碾成粉再熬煮，所以有這樣一套茶具，也可從中發現鏨刻、鎏金和掐絲技術。

沉船「黑石號」的故事

一九八八年，德國一家打撈公司在印尼勿里洞海域發現一艘唐代沉船，滿載貨物，此艘船被考古學家以發現地點命名為「Batu Hitam」（中文譯為黑石號），船上載著運往西亞的中國貨物，除了有金銀器之外，還

2-35 唐代鎏金大銀盤（法門寺博物館藏）

2-36 黑石號打撈出的金銀器之一

有六萬七千多件中國瓷器，其中有大量的長沙窯、越窯等瓷器和三件完好無損的唐代青花瓷盤（圖2-36）。

新加坡「聖淘沙」機構（Sentosa Leisure）先購買了被打撈文物的數年展覽權，隨後籌資購得這批貴重文物，被打撈文物於二〇〇五年分批完整運到新加坡，再由富商邱德拔的後人捐出鉅款，協助聖淘沙休閒集團以三千多萬美金（約十億臺幣）購藏，在位於聖淘沙的海事博物館展示。這批沉船文物證明了當時金銀器和瓷器等，都已是國際貿易的熱門商品。

金銀器的鑑定

令人震驚的黃金鏡

二〇〇七年，我到西安的博物館參觀時，遇到博物館舉辦唐代文物展，展品相當豐富，包括唐三彩、金銀器等。參觀之際，驚訝地發現其中一面金銀鏡的工藝相當精緻，鏡背上面雕鏤出細膩、立體的花紋，雖然已歷經一千多年的歲月，亮澄澄的黃金質地，仍然充分展現唐代裝飾品的氣派與華麗（圖2-37）。唐代距今一千三百多年，這面鏡子看起來卻像是全新的，可能是因為它在皇室貴族墓葬中受到良好的保護，沒有受到任何外物侵蝕。這件金銀鏡令我印象深刻，帶給我的震撼遠遠大於平時在圖錄上看到的感受。而且這批金銀器屬於中原風

2-37 唐代菱花海獸葡萄文金背鏡（局部），是搥揲工藝加上
鏨刻工藝完成的藝術品（攝於陝西歷史博物館特展）

格，不同於四川三星堆出土的青銅器多用貼金箔的技術，屬於巴蜀文化，而非中原文化。

金銀器東傳與崛起

中國從唐代開始透過絲綢之路從西域輸入許多器物，其中包括玻璃器、金屬器等，尤其是金銀器。唐代貴族為了彰顯地位與財富，不論是鏡子、茶具、食器，都是以金銀器為主。

金銀器在唐代成為尊貴的象徵之後，強烈地影響了民間的審美觀，許多民間瓷器或其他漆器會刻意模仿金銀器的造形或風格，例如北宋時，河北省定窯白瓷與陝西省耀州青瓷，許多種類的瓷器不論是器形與內部花紋，都是在模仿唐代金銀器。後來五代十國

2-38 元代青花釉裡紅大罐上面開光周圍飾滿連珠紋，是金銀器的遺留

到宋代的許多瓷器也模仿金銀器的鏨刻技術（在金銀器上加工出不同的浮雕圖案），到了元代，仍然可以見到這樣的現象（圖2-38）。

連含蓄典雅的宋代汝窯瓷器也保留金屬器的風格，像是「圈足」，圈足原本是製作金屬器時，在底部做一個圓形圈來支托器身，可見宋代沒有完全擺脫金銀器的影響。

元代掌權的蒙古人是遊牧民族，在馬背上討生活，因瓷器易碎，所以日常器具本就以耐用的金銀器為主。因為金銀器仍是貴族器具的主流，元代瓷器也帶有蒙古人崇尚金銀器的風俗，因此，瓷器上會有本來運用在金銀器上的連珠紋、珍珠地花紋等（圖2-39）。

元、明、清時期的金銀器，在細工的基礎上，做工更加精緻，以金絲銀線編織出更多立體的裝飾與變化（圖2-40、圖2-41）。

2-39 宋代白釉盒（洛陽博物館藏）

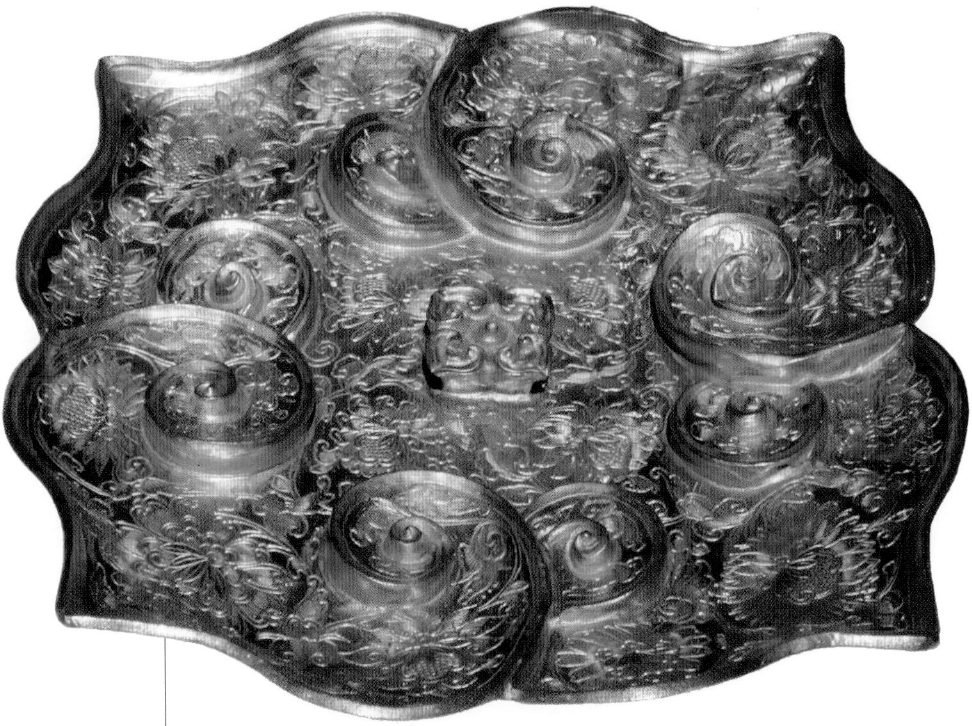

2-40 元代如意雲紋金盤（蘇州呂師孟墓出土，南京博物院藏）

2-41 清代金鳳冠，徐州丰縣李衛家族墓葬出土

鎏金佛像

說物

密教與鎏金佛像

從元代到明代、清代，信仰密教成為皇室的傳統，因此製作了許多精美的鎏金佛像。

不同於漢傳佛教佛像雙目微睜，臉相莊嚴、平靜，坐姿端莊，密教佛像充滿動態，表情多變，或怒或笑，形象也比較豐富，常常可以見到三頭六臂甚至九個頭的佛像，整體蘊藏著不可言喻的神祕趣味，佛像製作結合了宗教意涵與藝術家的想像（圖2-42）。

清宣統皇帝年間，宮中的太監經常偷偷變賣皇室的物品，宣統皇帝命人徹查，可能因為怕東窗事發，一九二三年六月二十六

2-42 銅鎏金大威德金剛像

日，太監就把紫禁城裡一棟收藏許多珍寶，包括許多鎏金佛像的「建福宮」放火燒光。寶庫突遭火災，一夜之間化為廢墟（圖2-43）。

皇室專屬

元代到清代鎏金佛像的高度約在二十到六十公分左右，因為使用真正的黃金進行製作，成本高，而且製作技術要求高，必須有良好的雕塑觀念，加上密教儀軌為皇室專屬，不外流民間，因此只有皇室工匠才有辦法製作出一流的佛教密宗造像。也因這些佛像主要提供皇帝修法之用，祈求權力與長生，都是皇室專屬佛像，做工精緻，品相一流，物件相當稀少，如果出現在現今的拍賣會上，肯定有至少數百萬臺幣以上的身價。二〇〇六年香港蘇富比「佛華普照——重要

2-43 建福宮一夜之間化為廢墟

明初鎏金銅佛」專場拍賣會，最後拍賣成交價總金額三億四千三百萬港幣。二〇〇六年，廈門藏家蔡銘超以一億一千六百六十萬港幣在蘇富比拍賣會拍得一尊明代鎏金佛像（圖2-44）。

收藏金銅佛像熱潮愈來愈興盛，藏家尋寶的腳步深入歐美各國，二〇一四年一月一尊中國銅鎏金佛像現身在德國巴伐利亞州的庫爾靈拍賣行（Khling Auction）。這尊起拍價僅為一百歐元（約合三千五百元臺幣）的佛像被中國買家最後以二十三萬歐元（約合八百零七萬臺幣）的高價拍得。

在二十年前，鎏金佛像都是按尺寸、按件數賣，價格多在五千元臺幣以下，現在品相好一點已經可以賣到幾十萬、數百萬元臺幣，普通品相也漲到了幾萬、十幾萬元臺幣。

溫故知新

永樂、宣德年間所製的佛像，藝術性最高

明代以來密教為皇室祕傳，永樂、宣德兩位皇帝對密教信仰虔誠，當時的工匠技藝高超，做工精緻。由於佛像僅限於皇室收藏，實際留下來的鎏金佛像並不多。文物市場上的鎏金佛像也以永樂、宣德年間所製作的藝術性最高，價格最昂貴（圖2-45），所以仿冒品的落款十

2-44 廈門藏家蔡銘超以 1.166 億港幣在蘇富比拍賣拍得永樂鎏金佛像

2-45 明代宣德時期金剛薩埵坐像在二〇一二年嘉德拍賣會以 989 萬元人民幣成交

之八九是「永樂」或「宣德」。

各民族、各時代的佛像製作風格

日本佛像也帶有密教色彩，因為唐代時，日本已經派遣很多僧侶到中國學習佛法，學最高深的密教，它直接揭示即身成佛的道理與方法：包括如何求財、求法、求權力等。如今在日本奈良東大寺的不空羂索觀音像，就是一尊密教樣式的菩薩像（圖2-46）。

我在英國留學期間，曾經到法國參觀擁有最豐富亞洲文物的居美博物館（Musée Guimet），恰巧碰上亞洲佛像展，展出包括日本、西藏、中國等不同地區的佛像。我明顯感受到密教佛像與中原地區佛像風格，一動一靜，一個猙獰凶惡，一個平和寧靜，展現截然不同的造像風格。

2-46 日本東大寺不空羂索觀音像

其中原因在於宗教淵源及其轉變：佛教分為顯、密二宗，密教淵源於印度，在唐代由蓮花生大士傳入西藏，所以多少帶有一些印度教的色彩；而顯宗傳入中原後，受到了中國原本的儒、道思想影響，形成所謂的漢地佛教。

東南亞地區的佛教信仰以小乘佛教為主，雖也有密教文化（如吳哥窟），但仍不如西藏本地保存得多。唐代也有西域的僧侶試圖將密教推廣到中原地區，但主要是在皇室貴族之間傳法，尚未在民間成為主流，後來傳授給遠道來中國求法的日本僧侶，包括空海大師等人，之後成為日本佛教的另一流派——真言宗。

由於時代、教派觀念與審美角度的不同，而產生各地、各民族、各時代樣式不同的佛像製作風格，都值得我們在進行收藏金銅佛像之前，先進行深入的研究與探索。

佛像的鑑定

唐代的開臉，清代的身形

一、器形

每一個時代的金銀器器形與功用皆有差異，收藏家在收藏之前需要多讀書，多到博物館看實物，進行深入瞭解。例如，唐代的器物（如碗、盤、杯、盞）的圖案與花樣都製作得非常立體，整體風格富麗堂皇，器物口沿習慣出現花口形狀（如同花瓣形狀）。許多做假的器物，其圖案與花樣看起來立體感不明顯（圖2-47）。

二、造像特徵

依據造像特徵可以斷代，各時代佛像的造像特徵各自不同。

漢代和五胡十六國時期，佛像方臉，面目平和，頭髮平直，大多為坐式。這一時期的佛像多為單尊，尺寸較小，鑄造技巧較為粗糙，衣紋裝飾較為簡單。

北朝時期，佛像臉相清秀而身形瘦長，高鼻大耳，閉目凝神，高額，髮髻呈螺旋

2-47 唐代銀鎏金鏨刻雙獅紋四出菱花形盒（法門寺地宮出土）

式，有的身著褒衣博帶式大衣，或是披袈裟，袒右肩。有的為站立姿勢（圖2-48），有的為結跏趺坐或是盤腿坐。佛座或為須彌座或為四足方座。身後的背光皆做尖楣形，周圍做火焰紋狀。北魏造像的顯著特點是主佛兩側往往有一至二位脇侍立姿菩薩（圖2-49）。

隋唐時期的金銅佛像，一般而言，臉龐豐圓，高額髻，外披袈裟，下著百褶裙，垂於雙足。座下有雙層或單層四足高床，一般的背光為較粗的尖楣形（圖2-50）。

宋代銅佛像常見菩薩像，往往以高髮髻造形居多，開臉上豐下尖，身材修長，身上佩戴瓔珞，搭配蓮花的細腰圓座，或是長方形四腿座上。普賢菩薩坐在象背上，而文殊菩薩則騎坐在獅背上。

藏傳佛像與漢地佛像有許多差異之處，

2-48 北魏鎏金佛，高 18 公分（上海博物館藏）

2-49 銅鎏金釋迦牟尼佛坐像
（國立故宮博物院藏）

2-50 唐代鎏金銅觀音菩薩
（國立故宮博物院藏）

藏傳佛像造形表情變化多，常見凶惡相貌，或是非人相貌，有多頭多眼、多手多臂，身形具備動感。佛像上嵌松石、寶石者多為藏傳佛像（圖2-51）。漢地佛像一般以正常人形體製作，不論站姿、立姿，姿態以靜態為主，身形端莊，面容寧靜。除此之外，藏傳佛像胸高乳大，漢地佛像胸平乳小。

常見到許多贗造品在市場中流動，有的把不同年代和不同流派的風格與特點瞎裝硬套地湊到同一件東西上，比如將明代的服飾搭配在唐代的開臉，身形卻是清代的造形，真是「時空錯亂」。

佛像和其經典內容與莊嚴的儀軌制度有密切而嚴格的關係，古代的製作工匠不會輕易隨意亂做，但追逐利益的偽造者，在完全不懂的情況下，往往做出令人哭笑不得的錯誤樣式。

三、材料

歷代金子的成色，因煉製技術而不太一樣。明朝以前的金子，因含有其他微量元素，常呈輕微的泛紅色；清代的金子則呈泛青色。

古代的塗金技術是將金子磨成粉狀之後，調成泥金塗在器物的表面，因此常有顆粒狀現象。現在的鍍金技術（即古代的鎏金）一般則是表面平整，顆粒緻密。不過古代鎏金和現代鍍金的差別在於：鎏金是在金泥中加入汞（水銀），塗在器物表面後，藉由烤火將汞蒸發，僅留下金子吸附在器物表面上；現代鍍金則是應用電鍍法，將金子附著到器物表面。

四、老化程度

若是古代金銀器，其亮度一定會隨著時間累積而減弱，同時有斑駁、殘缺的情形。做假的器物常用砂紙之類物件打磨刮擦，故意留下斑駁的痕跡，使其看起來像是被使用過，或是長久遺留下的刮痕。也有人用酸去腐蝕，使器物表面看起來像經過老化的結果（圖2-52）。判斷時可以用鼻子聞，如果散發出嗆鼻的化學藥劑味，很可能就是做假的贗品。

2-51 世紀普巴金剛像

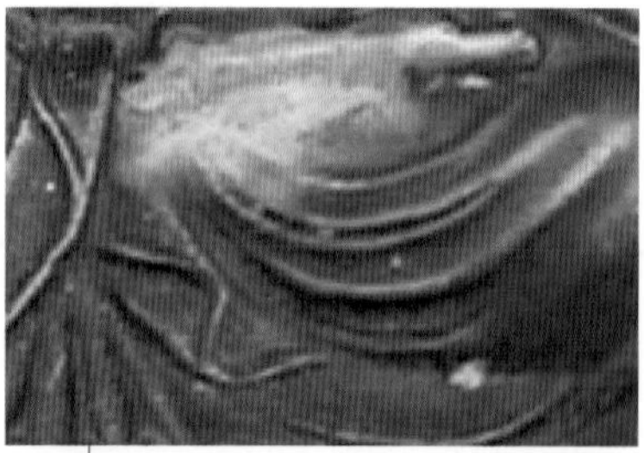

2-52 以酸腐蝕過的金銅佛像表面

第三章

陶瓷篇

陶器・瓷器・茶具

陶器

說物

欲蓋彌張的贗品

唐三彩的顏色多為黃、綠、褐、白色，偶有藍色，價值也比較高。藍色來自於鈷料的發色，遠從伊斯蘭世界傳進來，數量稀少，只有少數的唐三彩曾出現，而且面積不大。

我曾在一位官員的辦公室裡看到大型的唐三彩馬俑，表面上有大片的藍色潑彩，外觀氣派豪華，卻是一件不折不扣的贗品。這個道理就像很多人學張大千潑彩與潑墨，可是因為審美認知差距與技術有別，潑出來的彩墨效果無法像張大千親自做出來的那麼自然生動。這件唐三彩馬俑贗品的製作者當然知道藍色的唐三彩價值高，所以刻意上了很多鈷料，但是其釉面有明顯化學腐蝕做舊的痕跡，此舉反而是欲蓋彌彰，更凸顯它是贗品的事實。

溫故知新

陶器和瓷器的差別

由於地表上的陶土比瓷土多，加上燒製陶器所需的火溫較低，所以陶土最早被人類發現，並製作出陶器。

陶器和瓷器差異一覽表

品類／差異	陶器	瓷器
原料	陶土	瓷土
燒成火溫	攝氏六百度到一千度	攝氏一千二百五十度以上
土質特性	粗鬆	緻密
敲擊聲	悶如木聲	鏗鏘、清亮
滲水率	高	低

距今約七千～八千年前的彩陶文化

遠古時代的人類懂得用火之後，意外發現有些地方的泥土經過火燒之後變得很堅硬，慢慢累積許多經驗之後，人類知道可以將這種泥土捏製成容器的形狀，再經過高溫燒製後可盛裝食物。根據考古資料顯示，到了新石器時代，人類已經可以將火溫提高到攝氏數百度，甚至在新石器時代晚期可以高達一千度，陶器就這樣誕生了。

中國最早的陶器文化是彩陶文化，距今約七千年到八千年前，發源地在陝西、河南、甘肅、青海等地，如河南的裴李崗文化、陝西的半坡文化（屬於早期仰韶文化）。這些陶器製作的技術並不十分成熟：燒製的火溫不高、形狀比較不規整、土質較為粗鬆、器身上沒有花紋（新石器時代中晚期才開始有比較豐富的紋飾）（圖3-1）。

二十世紀初期，在中國河南省的澠池縣發現仰韶文化（圖3-2），判斷距今約五千年前到四千年前左右。由於中國的彩陶和西亞的彩陶很像，瑞典學者安特生（Johan Gunnar Andersson）原本認為中國彩陶是從西亞傳進來的，但是後來發現許多證據顯示，中國和西亞的彩陶文化不同。

經過考古出土證明，中國的彩陶文明在中原地區發展後，往東成為山東地區的大汶口文化、龍山文化（圖3-3），往南發展為長江地區彩陶文化（表1），最遠影響到海外的臺灣。

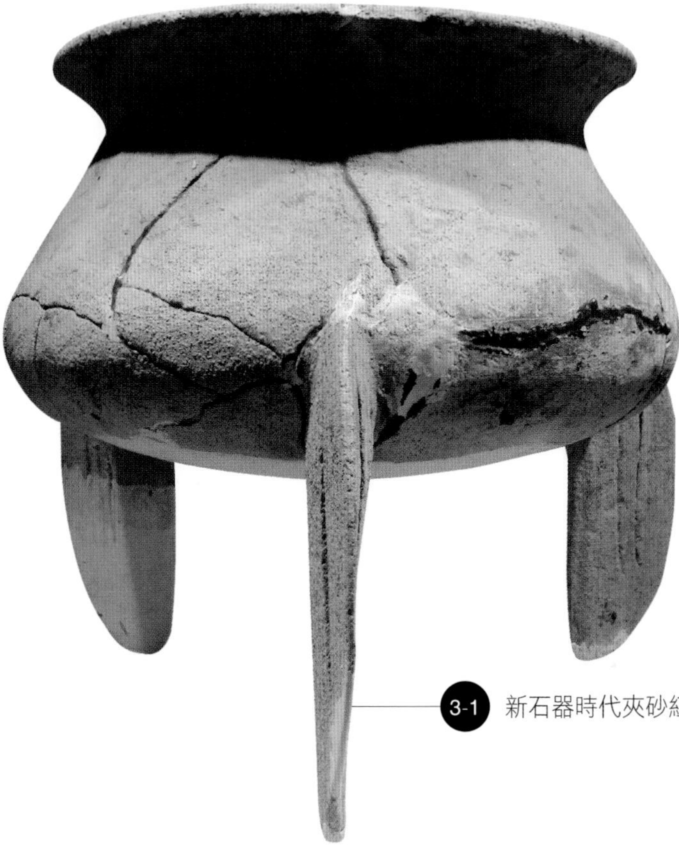

3-1 新石器時代夾砂紅陶魚鰭足鼎

3-2 廟底溝文化彩陶盆（北京大學考古系藏）

表1 中國新石器文化的譜系

年代（西元前）	文化分期
2000–3000	銅石並用時期
4000–5000	新石器晚期
6000–7000	新石器早期

經濟文化區	區	文化（由上至下，晚至早）
旱地農業經濟文化區	甘青區	齊家文化、馬家窯文化、仰韶文化、老官臺文化
	中原區	中原龍山文化、仰韶文化、磁山文化、老官臺文化
	山東區	龍山文化、大汶口文化、北辛文化
	燕遼區	?、小河沿文化、紅山文化、興隆窪文化
稻作農業經濟文化區	江浙區	良渚文化、崧澤文化、馬家濱文化、河姆渡文化
	長江中游區	石家河文化、屈家嶺文化、大溪文化、城背溪文化、仙人洞遺址
	閩臺區	曇石山文化、?
	粵桂區	石峽文化、金蘭寺下層、甑皮岩上層、甑皮岩下層
	雲貴區	白羊村遺址
狩獵採集經濟文化區	東北區	小珠山上層、小珠山中層、新開流遺址、新樂下層
	蒙新區	富河文化、細石器遺存
	青藏區	卡若遺址、細石器遺存

臺灣有北部的圓山文化（距今三千三百～二千三百年前）、芝山岩文化（距今三千八百～三千年前）與臺東地區的卑南文化（距今五千三百～二千三百年前）。卑南文化出土一些彩陶的器形，類似甘肅的齊家文化，證明在史前時期，南北的傳播與交流，遠比我們想像中還要頻繁（圖3-4）。

從陶器的出土可以得知，中國進入新石器時代後，已是部落制的農耕社會，所以需要陶器儲存食物與水。當時陶器已經相當普遍，主要製作成盆與缽等食器，到後來也出現陶棺。

到了新石器時代晚期，彩陶逐漸變成階級或是貧富的象徵。考古發現有些墓中已經有陪葬品，彩陶也成為陪葬品的一部分，上面畫了很多花紋裝飾，表明階級與權力、生死崇拜、自然信仰與巫術信仰。

3-3 大汶口文化白陶（北京大學考古系藏）

3-4 臺灣卑南文化陶器

豐富的彩陶紋飾

彩陶紋飾主要有以下幾種形式：

1. 生殖崇拜：在彩陶上畫男性或女性的生殖器官，祈求多子多孫（圖3-5）。
2. 自然物崇拜：也就是圖騰圖案，遠古時代的人類會想像自己是某種動物的後代，例如半坡文化的人認為他們是魚的後代，一如後世中國人認為自己是龍的傳人一樣。半坡文化出土的甕棺，上面的蓋子畫有一個孩童，耳朵兩旁各有一條魚跟他說話，孩童的嘴巴上啣著一條魚，另一條魚像在帶路一樣，引導孩童靈魂重新回到魚的世界（圖3-6）。
3. 巫術崇拜：祈求作物或是打獵豐收，在彩陶上畫稻穀與動物的圖案。

3-5 馬家窯裸體浮雕陶器表現先民生殖崇拜的文化

4.階級崇拜：在仰韶文化中曾出土一件陶器，上面畫了鳥、斧頭與魚的紋樣，象徵三個部落的結盟（圖3-7）。

考古學家也在一部分的彩陶上發現類似文字的紋飾，學者嘗試解讀這些文字，並稱為「陶文」，陶文的年代在甲骨文之前，目前看來可能是中國最早的文字（圖3-8、圖3-9、圖3-10）。

從出土的墓葬也發現，新石器時代中期以後開始出現階級，因為人口增加、人與人利益的糾紛也增加，所以需要領導階層處理，這正是社會的雛形。

彩陶文化出土的陶器多是用來取水的尖底瓶，因為當時人類以半穴居為主，尖形的底部方便將瓶子插在地上固定，也曾在遺址中發現可以放置陶瓶的器座，顯現當時人類的生活器用與巧思（圖3-11）。

半坡文化的特色是器物形狀較大且多樣化，可以想見應該已經有製陶的轆轤，才有辦法製作這種較大型的陶器。半坡彩陶上的紋飾以魚紋最常見。除此之外，紋飾豐富多樣的彩陶文化之中，最具代表性的就是甘肅、青海一帶的馬家窯文化，與河南的廟底溝文化。廟底溝文化以花葉紋、鳥紋最具特色（圖3-12），由於具備特殊的藝術性，文物藝術市場上也以這兩種文化的陶器價值最高，尤其是馬家窯文化。

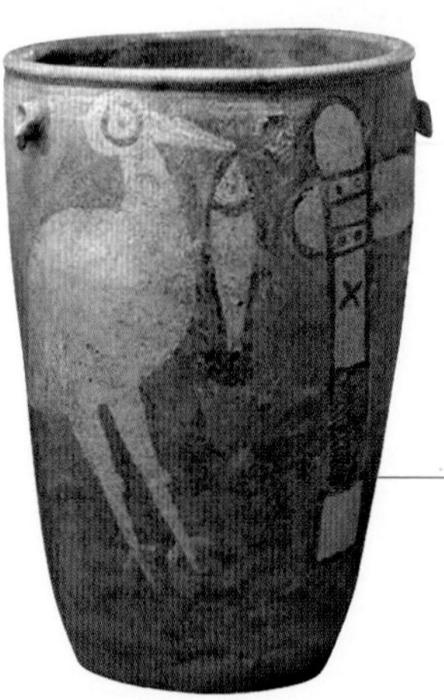

3-6 人面魚紋盆（半坡文化博物館藏）

3-7 鸛鳥、斧頭與魚紋大缸（仰韶文化彩陶）

3-8 二里頭文化陶器文字符號

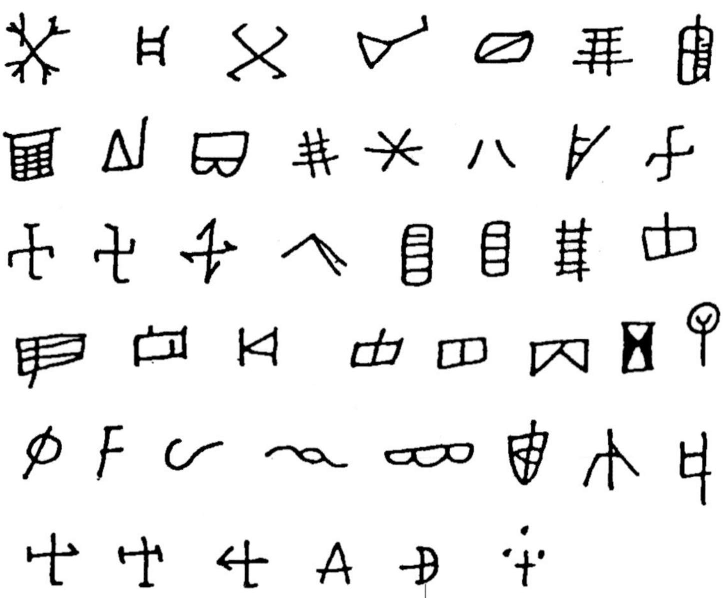

3-9 青海柳灣遺址出土陶器上的陶文

3-10 姜寨遺址所出土陶器上的文字

3-11 仰韶文化尖底瓶（洛陽博物館藏）

3-12 廟底溝文化彩陶盆以花葉紋為主要紋飾

馬家窯文化最著名的是水波紋，充滿了強烈的律動感與旋律感（圖3-13）。最早的價格從數十萬到百萬新臺幣不等，但隨著出土量愈來愈多之後，市場上的價格也開始下降，畢竟藝術品珍貴之處在於獨特性。

半坡文化之後出現的甘肅半山文化與馬廠文化，出現許多大型的罐子，半山文化與馬廠文化的彩陶以紅、黑兩色為主，馬廠文化的彩陶紋飾以神人紋最具代表性（圖3-14）。半山文化的彩陶紋飾以鋸齒紋最具代表性（圖3-15）。

每一種文化都有特殊的紋樣作為代表，紋樣可以看出部落的思想內涵、審美觀，也是辨別所屬文化的要點之一。

彩陶文化類型	**紋飾種類**
半坡文化	魚紋
馬家窯文化	水波紋
廟底溝文化	花葉紋、鳥紋
半山文化	鋸齒紋、稻穀、十字形連環圖紋
馬廠文化	神人紋（似人似蛙的紋樣）

3-13 馬家窯彩陶以流水紋最具代表性

3-14 馬廠文化彩陶以神人紋最具代表性

3-15 半山文化彩陶以鋸齒紋最具代表性

黑陶與白陶

新石器時代晚期在黃河流域一帶出現了另一種陶器——黑、白陶，山東的大汶口、龍山文化地區皆曾出土。龍山文化以黑陶為代表，又稱「蛋殼陶」，當時的製作技術與挑選陶土的方法有了突破，可以燒製出薄如蛋殼的陶器（圖3-16）。彩陶是在紅陶上面彩繪，但是後來出現的黑陶、白陶，就不在陶器上彩繪了。

考古學者發現黑、白陶往往不是用來做為食器，而是為了祭祀使用，精緻度遠遠超越先前的彩陶文化，因此在藝術市場上的價格更高，屬於昂貴的陶器。

新石器時代晚期的人類已經可以將火溫提高到攝氏一千度，可以發展出冶煉金屬的技術，因此人類開始進入製作青銅器的歷程。青銅器的誕生與陶器的技術是密切相關的，一方面是火溫必須提升到一定的程度，另一方面是利用陶器製作技術來製作青銅器的模具。

彩陶文化的結束，象徵中國進入下一波物質革命——青銅器時代。但是因為製作青銅器的方式遠比陶器困難，非一般人所能為之，必須運用國家與集權的力量才能製作，因此只有帝王與貴族才有資格使用青銅器，一般人常用的生活用品依舊以陶器為主。

3-16 龍山文化黑陶鏤空高柄豆（洛陽博物館藏）

釉陶器與原始瓷

商朝開始，陶器的種類分成兩個系統，一個是彩繪陶、黑陶、灰陶與白陶繼續發展（圖3-17），另一種是釉陶器。

當時的工匠不斷地實驗，以尋求更好的製陶方法，後來發現了一種白色的陶土，經攝氏一千度的高溫燒製，可燒製成白色的陶器。而且在燒製過程中，有些陶器的表面出現閃亮的透明物質，其原因是柴火的灰燼經空氣流動而沉落在陶胎的表面，而灰燼中含有草木灰，裡面的鈣元素與陶土在高溫下產生化學變化，形成釉滴。

當時的陶器工匠發現這種現象後，逐漸累積經驗，便在後來發展出製釉的技術，不過當時的技術並不成熟，釉料稀薄、不均而且雜質頗多（圖3-18）。

3-17 商代陶爵（河南偃師出土，洛陽博物館藏）

用陶土燒成的稱「釉陶器」，而用瓷土燒成的則稱「原始瓷」，也就是瓷器的早期階段，也稱「原始青瓷」，因為調製的泥漿含鐵量高，所以燒出來以黃綠色為主。現今原始青瓷出土的數量並不多，表示其在商代屬於先進的產品。

總結商周時期的陶器，有白陶器、黑陶器、灰陶器、原始青瓷、釉陶器、彩繪陶（在灰陶上彩繪）。燒製瓷器的溫度須達到攝氏一千兩百五十度以上，而新石器代中晚期，窯室的火溫已可達攝氏一千度，等於為往後製作瓷器鋪好路。

陶窯

最早的陶器在露天燒製，火溫只能達幾

3-18 西周原始瓷器（北京大學考古系收藏）

百度，後來發展出橫穴窯與豎穴窯，不僅可以集中火力，也有悶燒的效果，有些窯室的溫度甚至可達攝氏一千度。

橫穴窯是指火膛與窯室在同一個水平面上，豎穴窯則是指窯室在火膛之上。隨著技術的進步，火溫愈高，燒製出來的陶器質地愈堅硬、清脆。

商代南方已經使用龍窯（圖3-19），北方則逐漸發展出饅頭窯。

陶器的鑑定

陶俑的鑑定

商朝時期十分盛行用人或動物殉葬。孔子曾批評：「始作俑者，其無後乎。」表示

3-19 龍窯

周朝已有使用陶偶取代活體作為殉葬品的例子，稱之為陶俑，原因不外乎是用活體殉葬過於殘忍、使用陶偶的成本低等原因。

此外春秋戰國以前的陶偶多以神話中的動物為主，到了戰國時期，人形陶俑開始盛行。從秦始皇陵墓出土的兵馬俑震驚全世界，出土的陶俑與真實的人、馬同一比例。兵馬俑的高度達一百八十～一百九十公分，而且陶製品在燒製過程中，因水分蒸發，大約會縮小百分之十五～二十。這些兵馬俑燒製前的高度更高，如果沒有高超的製陶技術，根本無法完成此項任務（圖3-20）。

從外表看來，這些兵馬俑栩栩如生，並充分表現了當時的穿著。目前秦陵出土的陶俑約有八千個，每個陶俑各部位都有不同工匠做的記號，可見當時耗費財力、物力、人力規模之大，也是當時世界陶藝歷史的大成就。此後中國再也沒有出土類似的兵馬俑，更證明當時國家集權程度之高，否則不可能驅使人民進行如此耗大的工程（圖3-21）。

秦始皇過世後，民眾群起叛亂，秦朝僅維持十五年就滅亡。到了漢朝，因為國家剛結束戰亂，朝廷傾向與民休養；另一方面皇帝也以秦始皇為警惕，倡行簡樸，避免鋪張奢華、好大喜功之事，因此漢朝的藝術品往往流露出簡約樸實的風格。

秦朝陶俑比例多與真人相同，而漢朝出土的陶俑約只有五十～六十公分。外觀上，秦朝的陶俑強調極端寫實、擬真，漢朝的陶俑則介於寫實與非寫實之間，並呈現素雅造形（圖3-22）。

3-20 三號坑陶馬、陶俑

3-21 盛大秦兵馬俑軍陣

3-22 漢代陶俑（南京博物院藏）

到了魏晉南北朝，仍承襲春秋戰國以來的陶俑文化，其中以北朝的陶俑最具藝術價值。當時北方受胡人統治，胡人所捏製出來的陶俑與南方漢人製作的陶俑大不相同，除了外型較大，表情、動作也比較誇張，展現活潑生動的陶塑風格，特別受到博物館與收藏家喜愛。而且從陶俑的服飾中，我們可以發現當時人民的生活與文化，因此具有較高的歷史價值（圖3-23）。

由於陶俑多做為陪葬品，觀念傳統的中國人一般認為不吉祥，不太會收藏這些陶俑。因此，過去陶俑贗品主要賣給西方與日本的收藏家。

到了一九八〇年代末期，收藏觀念改變，香港、臺灣等地的藏家也開始收藏陶俑，贗品開始賣到臺灣、香港等華人地區。現在中國大陸的收藏家也開始收藏陶俑，贗品的需求量大增。河南洛陽地區的孟津南石山村就專門製作贗品，我自己也曾買過幾個贗品當作教學與研究參考（圖3-24）。

因為陶土比較粗鬆，難以分辨真偽，陶土經過土埋水沁、化學藥劑腐蝕等加工之後，胎土所呈現的老樣能以假亂真，再者，陶器上面的紋樣也可以刻意仿作出老化與斑駁的效果，所以鑑定時，必須用科學方法測試顏料的年代。

除此之外，陶器若是年代久遠者，表面會形成一層物質，如果是刻意製造出老化效果的贗品，表面用牙籤一摳，表層物質就會輕易脫落，但真品所形成的土疤是不容易被摳掉的（圖3-25）。

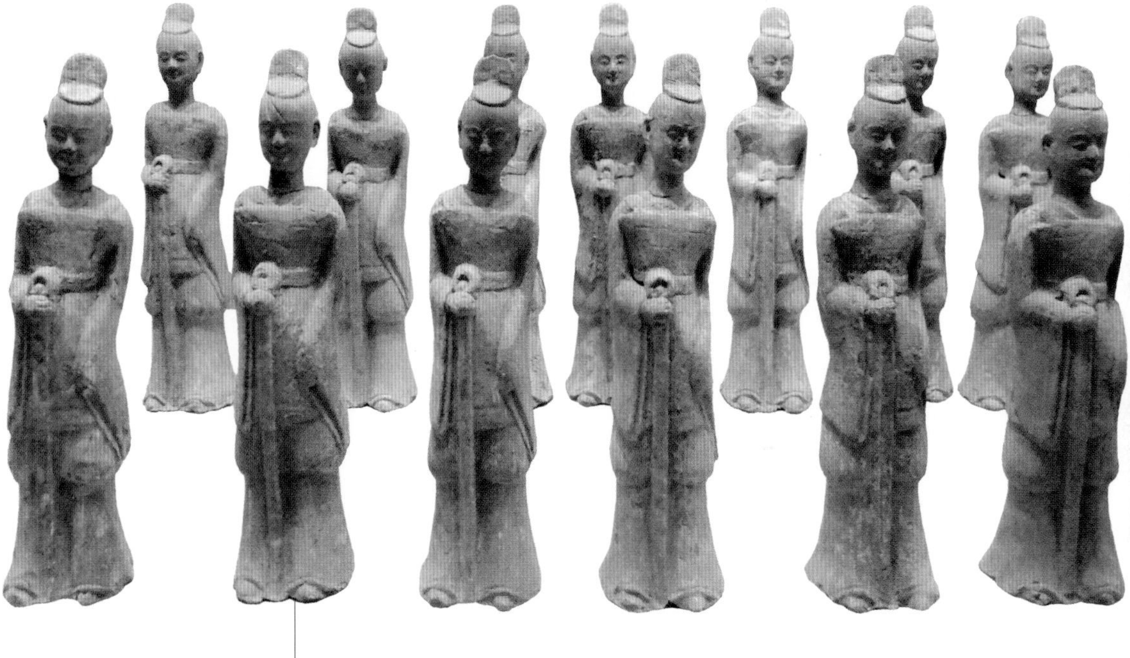

3-23 北魏男侍陶俑（洛陽博物館藏）

3-24 陶俑贗品

3-25 北魏人面鎮墓獸

陶塑造形反映出不同時代的工匠如何展現雕塑品的趣味與風格，許多贋品講求製作快速，無法細心表現出不同年代的風格，所以要只要細心辨別，都可以辨識出其中疑點。例如漢代的陶俑反映漢人文化，漢俑大多寧靜而優雅，北朝陶俑的特色則是外型粗曠、生動活潑。不過，真實情況很難一概而論，四川地區就曾出土一批東漢的陶俑，風格詼諧有趣，造形相當生動活潑（圖3-26）。

由於陶俑是上層階級炫耀財富與地位的陪葬品，一直到清代都還有這種習慣，只是愈來愈少，造形也愈來愈制式化。從漢代到唐代是陶俑藝術價值最高的時期，在文物市場上價格也比較高。

3-26 東漢説書俑（一九五七年四川成都出土）

東西雕塑品差異

一般而言，因陶俑多屬於陪葬品，中國人並不愛收藏，而西方的收藏家則是為了比較中國文化與西方文化雕塑史而收藏。希臘與羅馬文化的雕塑是以大理石雕為主，中國的雕塑文化則是表現在玉器與陶器上。直到佛教傳入中國後，中國才開始出現大量的石雕，魏晉南北朝時期出現了龍門石窟、雲岡石窟與麥積山石窟等精美的石雕藝術。中國的地質環境以石灰岩與砂岩為主，所以石雕的精緻與細膩程度無法與歐洲地區的雕塑品相比擬，但散發出簡約、含蓄的獨特藝術美感（圖3-27）。

唐三彩的鑑定

唐朝的陶俑有彩繪陶俑、白釉陶俑與三彩陶俑（圖3-28），其中以唐三彩最為著名，同樣是做為上層階級的陪葬品，除了人、動物等造形，也有建築物與鎮墓獸，用來放置在墓室的兩旁。在唐朝以前，鎮墓獸造形多是鹿角、神靈或抽象概念，並且是組裝的。到了唐朝，由於絲路通行，中原地區吸收了西域的文化，可能受到埃及獅身人面像的影響，造形多為人面動物身。

唐三彩俑形體比較大，而且大多是一體成形，顏色多為五彩繽紛，比較豪放，另外也有

3-27 山東青州出土北朝佛像（攝於山東博物館）

3-28 唐代白釉陶俑（洛陽博物館藏）

駱駝或阿拉伯馬等表現西域風光的作品。

二〇一一年，我曾辦過一場兩岸陶藝研討會，特別請來大陸的陶藝專家與仿古專家，其中幾位河南製作仿品的專家，專門仿製鈞窯、汝窯與唐三彩。從他們的報告中得知，現在仿製與做舊的技術已經相當高超，所以收藏鈞窯、汝窯與唐三彩都需要特別注意贗品的問題（圖3-29）。

由釉質看，唐三彩上鉛釉，亮薄透明，缺點是容易龜裂，而且經過一千多年，真品的釉色因為年代久遠有一種含蓄的趣味。一般贗品如果上了鉛釉就會過於透亮，無法做出古代的效果，因此贗品往往需要先做舊，再用化學溶液腐蝕，但因為是刻意製造出來的腐蝕效果，釉面裂痕很不自然（圖3-30）。

由器形看，唐三彩的器形多樣，有仕

3-29 高水望仿唐代三彩蓋罐

女俑、馬俑、胡人俑、鎮墓獸等，每一種都有不同的製作原則。特別是唐代馬俑，由於馬在當時是很普遍的交通工具，旦暮見於眼前，所以當時工藝師捏製出來的馬，不論釉陶或是彩繪陶馬的造形都栩栩如生（圖3-31）。但是現在的工藝師不常看到真馬，對於馬的細節觀察不夠仔細，因此捏製出來的形狀就不自然，特別是腳部的動作最容易失真。

唐三彩的燒製地點主要集中在河南黃冶窯與西安黃堡窯。黃堡窯的唐三彩負責供應當時的西京長安，黃冶窯的唐三彩則主要供應東都洛陽。古語：「生於蘇杭，葬於北邙（洛陽邙山）。」洛陽自然需要大量的陪葬品，包括唐三彩。除了做為陶俑外，唐三彩也廣泛地作為建材，如宮殿的屋脊、屋頂上的裝飾、噴水的雕件、瓦片或地磚等（圖3-32）。

3-30 唐三彩香爐（攝於河南考古研究所）

3-31 唐代彩繪陶馬（洛陽博物館藏）

3-32 唐代三彩龍頭套飾（耀州窯博物館藏）

瓷器

說物

西方人對青花瓷的喜好反映在古董市場上，如果在拍賣場上有機會看到從海底沉船打撈上來的中國古代青花瓷，幾乎都能全數拍出，歐美地區喜愛古董文物的富人、收藏家們都會爭相購買，因為他們對於中國青花瓷器有莫名的嚮往。直至今日，我們也能看到一些歐洲的家庭將中國青花瓷盤掛在牆上。

對中國人而言，盤子不過就是吃飯用的食具，但是對歐洲人而言，盤子不僅是一種食具，更是身分、地位、財富與權力的象徵，因此他們會將青花瓷盤掛在牆上，或將青花瓷器擺在櫃子中展示。

九億三千萬臺幣：元代青花鬼谷子下山圖罐

二〇〇五年七月十二日，英國發生一件震驚全球古董市場的大事，知名的拍賣公司佳士得（Christie's）在倫敦一場中國瓷器拍賣會中，一件「元青花鬼谷子下山圖罐」（圖3-33），被一位歐洲買家以一千五百六十八萬英鎊（時約合臺幣九億三千萬元）買下，可見歐洲人對中國青花瓷的強烈渴望，儘管中國大陸、臺灣也有收藏家參加拍賣會，但均不敵這位歐洲買家，因為歐洲人願意為元代青花瓷付出的價格比中國人、臺灣人都來得高。

在中國的審美觀念裡，宋代才是瓷器（尤其是青瓷）製作的巔峰，因為青瓷彰顯了單純、寧靜、典雅與簡約的極致，與中國固有的審美觀相合。

二〇一二年在香港蘇富比拍賣會上，一件「北宋汝窯天青釉葵花洗」（圖3-34）最終以二億零七百八十六萬港元（時約合臺幣約八億三千萬元）成交。可能因為同為亞洲民族，日本人較懂得欣賞單色青瓷的汝窯，日本收藏了許多中國古代瓷器，其中有幾件北宋汝窯。西方人後來也懂得欣賞，美國、歐

3-33 元青花「鬼谷子下山圖罐」

3-34 北宋汝窯天青釉葵花洗

洲都有收藏家收藏中國汝窯，但因為汝窯傳世稀少，只能零星地被收藏在具備代表性的博物館裡。

溫故知新

瓷器等於中國

西方人稱中國為「China」，而瓷器的英文正是china，可見得西方人認為瓷器最能夠代表中國。中國的瓷器製造技術較西方早一千多年，在東漢（約西元二世紀）時期，中國人已經可以製作出青瓷，此時西方人還在使用木器、陶器，或是金屬器與石器。

東漢以後的一千多年中，瓷器進入全球的貿易體系，不斷銷往東北亞、東南亞、中東、歐洲等地，範圍愈來愈廣，賺取很多外匯，為中國創造政治、經濟及文化上的繁榮。

漢代時就有商旅透過絲綢之路進行貿易，將瓷器運往中亞、西亞地區。到了唐代，絲綢之路更為鼎盛，來往貿易的商旅更多，瓷器的外銷量逐漸增加。這些作為中國與西方貿易橋梁的商旅，主要是西域部族，尤其以現今土耳其的塞族最為有名，他們大量將瓷器販售到中亞、西亞及歐洲地區。

瓷器的海上與絲綢之路

唐代以後，瓷器貿易逐漸由陸路轉為海路運輸，於是出現了海上瓷器之路。此轉變的因素有二：一是陸路運輸較危險，絲綢之路多為沙漠地區，又有很多土匪搶掠商旅；另一個因素是中國造船技術進步，唐末宋初，中國的造船廠因應貿易發展，製造出可遠航海外的尖底船，中國對外遠洋貿易開始興盛。

宋代以後，海上瓷器之路分為東北、東南航線，分別通往東北亞（日本、韓國）及東南亞。此外，也延伸到中東、歐洲地區，最遠甚至可以到達非洲。當時進行瓷器貿易的除了中國船，也有許多伊斯蘭船。陸路的絲綢與瓷器之路逐漸沒落，海上瓷器與絲綢之路成為主流（圖3-35）。

震驚全世界的中國瓷器

在元代，忽必烈大帝掌權時，名為馬可波羅（圖3-36）的威尼斯人曾經來到中國，並在朝廷服務了一段時間。他回國之後寫了一本《馬可波羅遊記》，將元代的強盛與富庶狀況描述得非常吸引人。

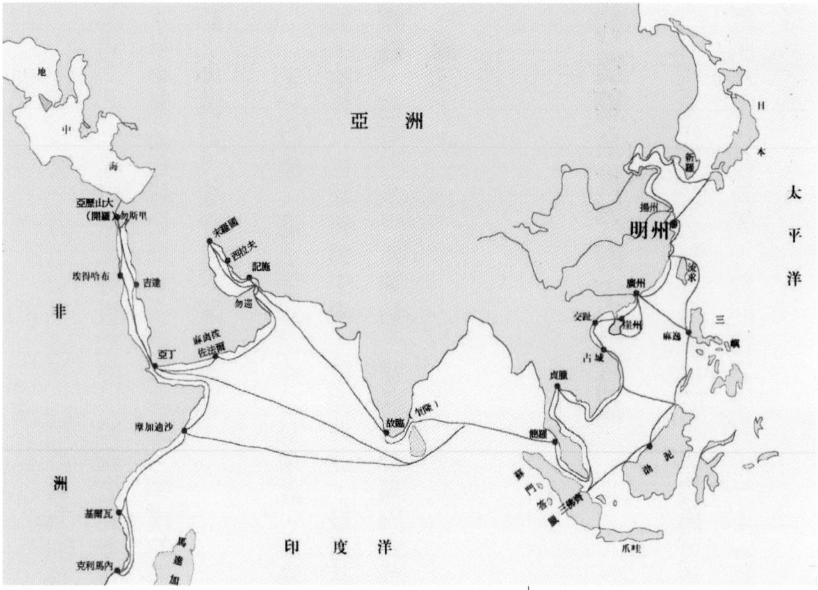

3-35 海上瓷器之路

3-36 馬可波羅

馬可波羅所帶回的中國白瓷，震驚了當時的威尼斯貴族，他們發現中國的瓷器瑩潤透徹，剔透如玉。當時的西方人還以為瓷器是用玉石甚至是貝殼製作的，也有人以為釉藥是貝殼磨成粉末而製成。

除了作為藝術品的審美功用，西方人將瓷器當作食具，且比起原本所使用的木製、金屬食具來得更容易清洗，用久了也不會有殘垢或是生鏽的困擾，影響了西方的飲食文化，同時也迅速增加西方人對中國瓷器的需求。

元代、明代與清代景德鎮以及南方沿海瓷器廠所生產的青花瓷器，質地光潔亮麗，白地藍花，相互輝映，紋飾豐富，寓意深遠，從十四世紀以來，風靡全世界，成為中亞、西亞與歐洲皇室、貴族與富有階層身分、地位與財富的象徵。尤其是元代所生產的青花瓷器，為當時伊斯蘭世界的皇室與貴族爭相訂購，做為權貴與階級的象徵。

如今在土耳其伊斯坦堡托普卡比宮（砲門宮）博物館（The Topkapi Saray Museum, Istanbul）及伊朗德黑蘭國立考古博物館（Iran Bastan Msuseum，現為伊朗國家博物館 National Museum of Iran），依舊收藏為數驚人的中國古代瓷器，而元代青花瓷器的收藏更是傲視全球。由於歷史與傳統的影響，直到現在，不論歐洲、伊斯蘭還是東南亞地區仍對中國青花瓷器情有獨鍾（圖3-37）。

二〇一二年，中國的上海博物館邀集土耳其、伊朗、英國、美國、日本、俄羅斯，及中

3-37 元代至正十一年款青花雲龍象耳瓶（倫敦大衛德基金會藏）

國文博、考古機構，共三十餘處公私立收藏單位，匯集一共九十餘件展品，舉辦「幽藍神采——元代青花瓷器大展」，吸引了全世界的參訪者。

在中古與近代，全世界對中國瓷器的嚮往與仰慕，日本、韓國、東南亞、中亞、西亞與歐洲貴族不斷向中國採購瓷器，從早期唐代的長沙窯，宋代的青瓷、青白瓷，元代的青花瓷，到明代的五彩瓷，清代的琺瑯彩瓷，形成了中國長達一千多年的瓷器貿易史（圖3-38）。

北宋汝窯青瓷，中國審美觀的最高水準

宋代的社會可說是文人掌權的社會，文人的審美品味也由上而下地影響了整個民間，尤其宋徽宗本身就是個藝術家，在他領導、監督之下製作的御用瓷器，由白瓷轉為天青色的青瓷，即我們現在所知道的「汝窯」青瓷（圖3-39）。

一般而言，北宋的汝窯是沒有任何紋飾的，因為在中國的美學觀念裡，單純、典雅、含蓄是審美的最高標準。當時的高麗（今韓國）曾經派工匠到中國學習燒製瓷器的技術，並將技術帶回國，發展出「高麗青瓷」（圖3-40）。在早期的階段，他們完全模仿中國的汝窯製作，因此也是完全單色，但到了十二世紀初期，他們開始發展出自己的趣味、風格，在瓷器上刻畫一些花紋裝飾，填上了黑白的圖，開創了高麗青瓷中最具代表性的品種——鑲嵌青瓷（圖

3-38 北宋景德鎮湖田窯青白釉執壺
（景德鎮湖田窯博物館藏）

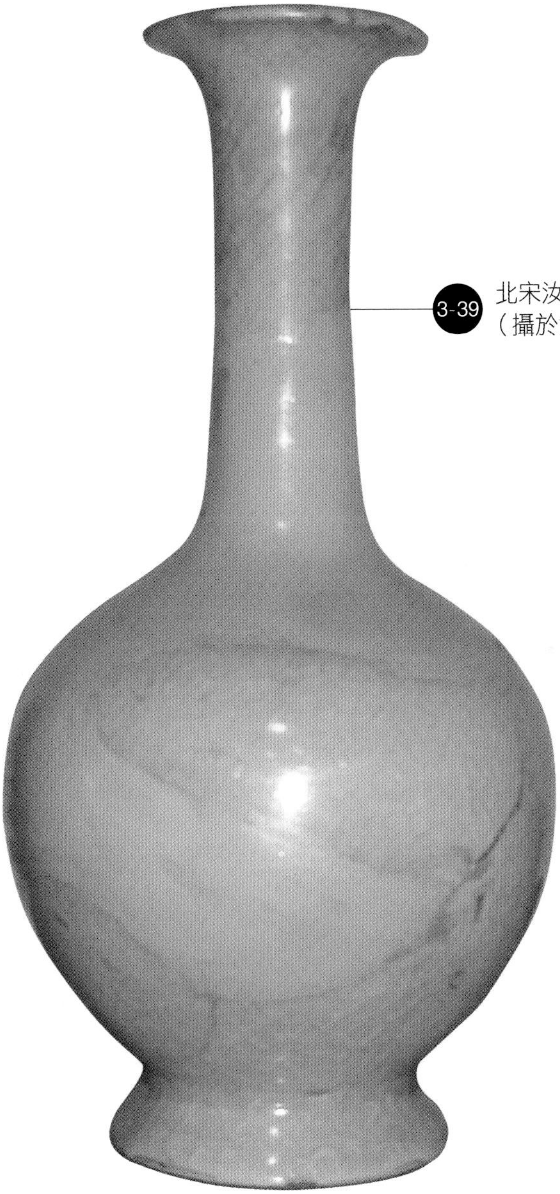

3-39 北宋汝窯長頸瓶
（攝於河南考古研究所）

3-40 韓國高麗時代青瓷溫碗與執壺（韓國中央博物館藏）

3-41 韓國高麗時代鑲嵌青瓷（韓國中央博物館藏）

3-41）。這代表高麗人的民族審美觀，與中國宋代還是不同。因此可說，汝窯是專屬於中國的藝術品，它呈現了中國人對於空靈、自然、簡約、純樸的追求，看似平淡無奇的東西，卻蘊含了無限、細膩的變化。

宋徽宗在位期間，燒製的汝窯為數並不多，而且金國滅北宋後，汝窯便不復見。如今全世界大概不足百件，主要收藏於各大博物館中。即便是擁有最多汝窯的臺北故宮，也只有二十一件。第二多的收藏地點是北京故宮博物院，一共有十七件，此外，英國的大衛德基金會（Percival David Foundation of Chinese Art）七件（現藏於大英博物館），其他約十件散藏於美、日等博物館和私人收藏，根據統計，全世界只有不到十家博物館收藏汝窯瓷器。

一九九二年，一件直徑八公分的汝窯小盤在紐約蘇富比拍賣行的一次拍賣會上以一百五十四萬美元成交。後來在香港的一次拍賣會上，一件汝窯三犧尊更曾經創下五千萬港元的天價。二〇一二年四月，在蘇富比的香港拍賣會上，一件北宋汝窯葵花洗以二億零七百八十六萬港元落槌成交，刷新了宋瓷的拍賣紀錄。

稀有與珍貴如汝窯的藝術品，一旦進到拍賣會尋求買家，一定會在短時間內就以天價成交，收藏家想買還不一定買得到，也因此仿冒品非常多。

其實不只是瓷器，書畫的仿冒更容易做到，現今科技發達，只要用投影機把紙投影到牆壁上，直接照著原作描畫，便能達到幾乎百分之百的相似度。仿冒印章也變得容易許多，只要運用電腦技術與機械儀器，就可以刻出幾乎與真品印章一模一樣的贗品。在這個藝術品市場充斥著假貨的時代，擁有專業鑑定技術的鑑定師顯得格外重要。

一般來說，陶瓷的贗品，只要透過細膩的鑑定手續一定可以揭穿，需要的是工藝技術與材料的知識。比起工藝產品，書畫的鑑定難度就高一點，真偽之間往往有許多爭議，即使是經驗豐富的鑑定專家也有看走眼的時候。

古代工藝品的鑑定與社會因素、器物功能、材料知識、工藝技術等密切相關。仿製品必須全部符合當時的所有面向，而許多條件已經無法在現代重現，因為材料缺乏與古代技術失傳等，所以在仿製上往往有一定的阻礙與難度，這些便提供了鑑定專家辨識古代工藝美術品的機會。

歐洲掀起瓷器熱

宋代是中國青瓷技術發展的鼎盛時期，當時的青瓷曾經風靡全球，到了十六世紀晚期，龍泉青瓷在歐洲貴族圈掀起一陣熱潮。在法國的一齣歌劇《L'Astrée》中，有一位男主角穿著如青瓷顏色般的衣服，因為他在劇中的名字叫雪拉同（Céladon），因此，西方稱呼中國的青瓷為「Céladon」（圖3-42）。

歐洲人一直到了十八世紀之後，才知道製作瓷器的祕密，逐漸開始製作屬於他們自己風格的瓷器。然而，在歐洲的瓷器中，卻看不到單色的青瓷。這牽涉到下列兩個因素：

第一個是品味的不同，青瓷是中國文化孕育而生的產物。在中國的藝術史中，宋代以前的瓷器是單色釉為主，而宋代是象徵中國文人美學最盛的時代，宋人講究含蓄、典雅、簡約的文化，因此使用單色釉製作瓷器。而西方美學的觀念則比較重視花紋與圖樣的設計，因此對青瓷的嚮往不若對有花紋與圖樣的青花瓷那樣熱衷。

第二個是時代因素，因為歐洲人在十四～十五世紀才大量接觸中國青花瓷器，雖然自從十世紀以後是中國青瓷的繁盛時代，但是到了十四世紀以後，青花瓷逐步取代青瓷的市場。十七世紀以後，歐洲吹起一股「中

3-42 宋代龍泉盤龍瓶（浙江省博物館藏）

國熱」的風潮，歐洲的皇室與貴族開始熱衷於收藏中國的青花瓷器，也因為如此，西方人對於中國青花瓷有莫名的喜愛。

瓷器的發展

商周時期最重要的發展是原始瓷器，春秋戰國則以原始瓷器與印紋硬陶為主。印紋硬陶是用一千度高溫燒製且沒有上釉的陶器，上面的印樣使用麻布或繩索印在陶胎上，再拿去燒製。比起傳統的陶器，印紋硬陶的質地更堅硬，滲水率低（圖3-43）。

到了東漢以後，陶瓷工匠開始製作出合乎瓷器標準的青瓷，色澤呈青綠色，主要燒製地點在浙江一帶，此區自古以來天然資源豐富，適合燒製陶、瓷器，不過到魏晉南北朝時燒製出的瓷器，在質地上才能算是真正的瓷器（圖3-44）。

青瓷的顏色來自於鐵元素的發色。由於燒製瓷器需要高溫，所以燃燒到一個階段，必須將窯門密封起來，讓窯爐悶燒，此時窯室內氧氣不足，火焰呈現還原焰。[1]因為還原作用的

[1]燒窯火焰可分成氧化焰與還原焰，「氧化焰」是指充分供給氧氣，燃料能完全燃燒的火焰，供給大量空氣，具有氧化能力。「還原焰」是不完全燃燒的火焰，具有很強的還原作用。鐵元素在氧化焰中形成氧化鐵，呈現黃色或褐色，在還原焰中則形成氧化亞鐵，釉色呈現青綠色。

3-43 西周雲雷紋印紋硬陶

3-44 東漢青瓷罐
（北京大學考古系藏）

關係，釉中的鐵元素在還原焰之中形成氧化亞鐵，使得釉色呈現出青綠色。魏晉南北朝燒製出來的瓷器，在釉色與釉質上比東漢時期的青瓷更均勻，表面也不會斑駁不平（圖3-45）。早期以土黃或是黃綠色為主，後期開始出現綠色。不過礙於技術，釉料沒有辦法塗滿陶胎，否則在燒製的過程中，底部會黏住，所以只能上半釉，或稱「掛半釉」（圖3-46）。

瓷器的鑑定

熟悉時代文化，培養判別敏感度

黑白陶

商周時期的黑白陶數量比較稀少，尤其是白陶器，因為白陶器用瓷土做成，燒製溫度約在攝氏一千一百度到一千二百度，還未達一千二百度以上，不能稱作瓷器，因此稱為白陶器。白陶器做工精美，上面印有花紋或是青銅器上常見的紋飾，只有皇室與貴族才有資格使用，多做為祭器使用（圖3-47）。

原始瓷

本來在市場上很少有原始瓷的仿冒品，可是近二十年來，國外的博物館與收藏家認為原

3-45 三國時期青瓷熊尊（紹興越國文化博物館藏）

3-46 西晉青瓷罐（柯橋區博物館藏）

始瓷代表全人類發展瓷器的初始階段，紛紛開始收藏原始瓷，加上中國收藏家也加入收集的行列，在粥少僧多之下，使得仿製品愈來愈多。

由胎土看，古代的胎土一般都是比較鬆軟，贗品的胎土使用現代機器所製作的瓷土，胎土質地細緻，燒成之後質地比較緻密。

由器形看，每一個時代與社會所使用的器物，都因其生活功能與審美風尚，或是文化內涵而展現出不同的器形，熟悉時代文化與風尚，就會對器形產生一定的判別敏感度。除此之外，真品都是手工捏製或是拉坯，許多原始瓷呈歪斜扭曲、厚度不一；贗品雖然也是刻意用手工捏製，但因為現代製瓷技術畢竟比古人要好，用高速轆轤旋坯出來的器形還是比較規整。

3-47 商代白陶器（美國博物館藏）

由老化現象看，贗品為了要仿古，會刻意製造老化與裂痕，如果用放大鏡看，會發現裂痕裡面還是很新。因年代久遠，瓷器釉面有些會有斑駁的現象，一般而言，贗品的斑駁現象因為是人為所做，比較不自然，不像是自然脫落所形成。

由釉質看，真品的釉料因為技術不純熟，雜質多，釉面不均勻，有凹凸不平的現象，贗品的釉面較為平整，雜質也相對少（圖3-48）。

印紋硬陶

雖然印紋硬陶在當時屬於比較普及的物品，市場價值不算太高，但隨著愈來愈多人收藏，現在市場上也開始出現仿製的印紋硬陶。儘管在技術上，陶器比較容易仿製，可是贗品的紋路比較呆板，紋路、深淺也一致（圖3-49）。

由陶土看，古代的陶土雜質多，而現代的贗品，雖然也會刻意摻入雜質，但一方面成分還是不同，另一方面胎土仍然會顯得比古代純淨，這點需要特別注意。

漢綠釉

東漢是陶器和瓷器並行發展的時代，瓷器是原始瓷器，陶器則是漢綠釉。因為釉料的調配不一，含銅元素多的釉料燒製後呈現綠色，如果是鐵元素多的釉料，成品就呈現褐色、咖

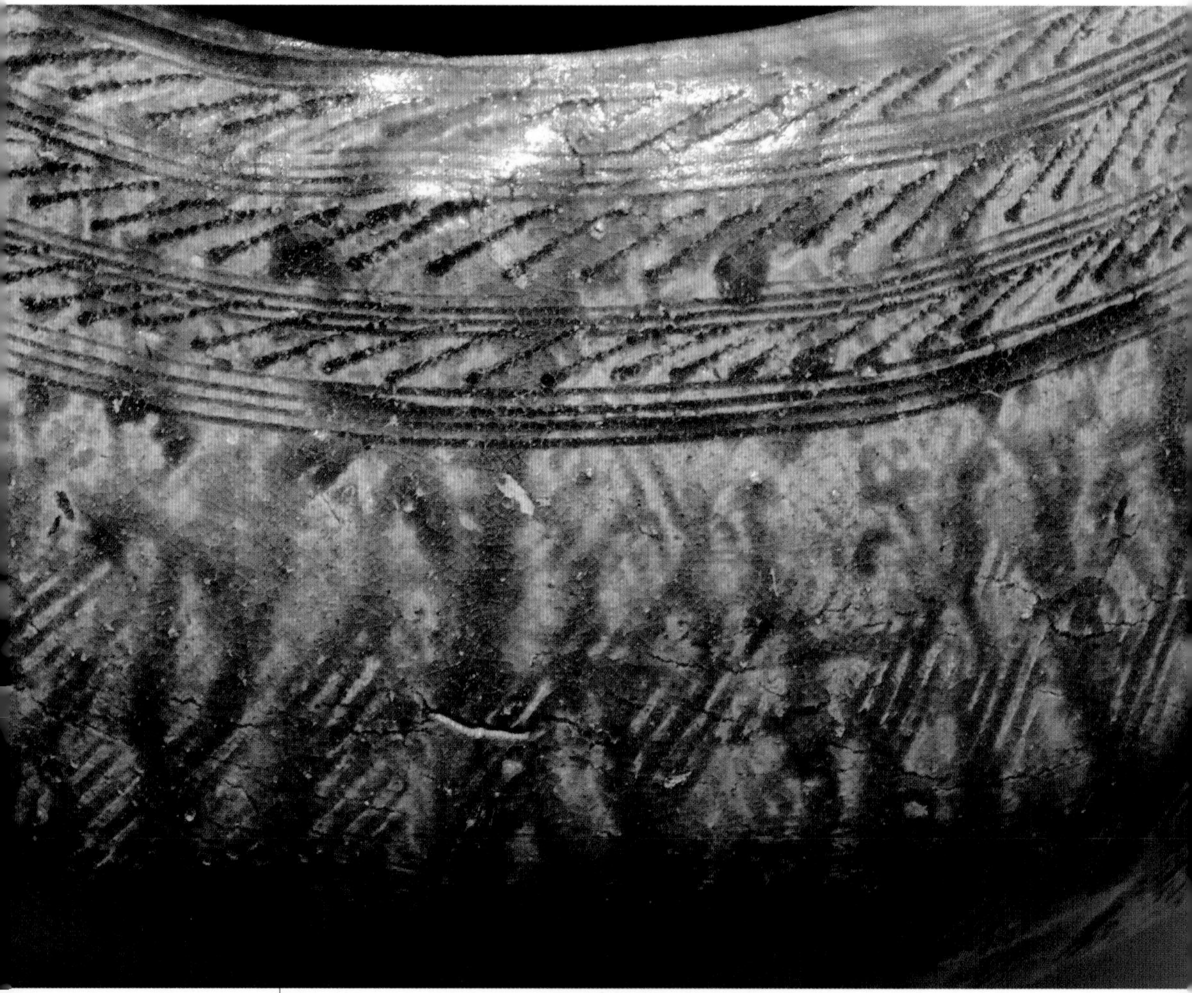

3-48 原始青瓷的釉面現象（春秋時期原始青瓷器）

啡色或紅褐色。因為陶器塗上釉料不僅可以防滲水，外觀也美，所以多用來盛酒（圖3-50）。

由胎土看，有土黃胎、磚紅胎，胎土一般粗鬆，胎土之中雜質多。

由釉色看，以銅元素發色，故釉色呈現綠色。釉質為鉛釉，釉水有流動現象，釉薄、不均勻、雜質多而有透明感。

由釉斑看，漢代距今已有二千年，因為時間久遠的關係，水氣與漢綠釉的釉中元素互為作用，逐漸在釉面因為析晶作用而形成一層一層像雲母片狀的銀色釉斑，俗稱為「銀斑釉」（圖3-51）。贗品也會製作出銀斑釉，不過因為是用化學溶液腐蝕，形成時間短，銀斑釉呈現粉狀，很容易脫落。另外，有些業者會裁割漢代綠釉器物上的銀斑釉黏貼在

3-49 戰國時期布紋硬陶（紹興博物館藏）

3-50 漢代綠釉建築明器（洛陽博物館藏）

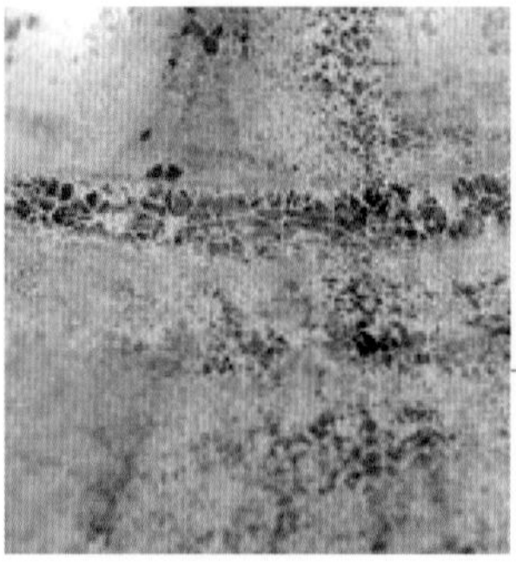

3-51 銀斑釉

陶器上，要特別注意胎土與釉的質地。

由器形看，漢綠釉多製作成酒鍾，因此如果是酒鍾以外的漢綠釉陶器就要特別注意。

一九八九年，我應華視之邀，特地到中國拍攝紀錄片《陶瓷故鄉》，參觀了十三個省區的博物館、三十多個古代窯址，如南宋官窯、耀州窯、長沙窯等，以及五個石窟寺，如龍門石窟、雲岡石窟等。有一天晚上我在旅館裡看電視，剛好播《管仲傳》，其中一幕令我印象十分深刻，管仲還沒任官之前為一介平民百姓，當他與妻子一起用餐，桌上所用的器皿就是陶碗，看起來就像是春秋時期的印紋硬陶，形狀不是很規整。顯示電視劇組的歷史考究得很仔細，確實反映古代的情況。

魏晉南北六朝之後，青瓷變成當時的主流，南方的浙江地區除了青瓷外，也燒黑瓷，黑瓷的發色是因為瓷土裡面的鐵元素含量很高，呈現褐色或黑色，稱為黑釉或褐釉。

漢代的紋樣與魏晉南北朝的紋樣差別很大，漢代以雲氣紋或是植物紋為主，到了東漢時期佛教傳入中國，許多瓷器上開始出現帶有佛教色彩的紋飾。進入魏晉南北朝，除了器形之外，最明顯的就是瓷器上的紋飾開始出現許多蓮花紋飾。唐代杜牧的〈江南春〉詩中寫道：「南朝四百八十寺，多少樓臺煙雨中。」印證了當時佛教的興盛。同時，瓷器上的蓮花圖案成為一種時代標記，是鑑定魏晉南北朝瓷器的標準之一（圖3-52）。

3-52 魏晉南北朝蓮花青瓷小碗

除了蓮花紋外，因為陪葬風氣盛行，也製作冥（明）器，如穀倉罐（魂瓶），用來陪葬，一方面彰顯墓主人的家世優渥，豐衣足食，同時也有吉祥的寓意，並祈求來世的幸福（圖3-53）。

雞首壺

魏晉南北朝時期，雞首壺（又稱天雞壺、雞頭壺）開始流行，除了當作酒壺或是水器使用，也會做為陪葬器用。器物上的雞頭造型，顯現出魏晉南北朝對雞的喜愛，這股風氣表示流行文化自古皆有，如同現在我們瘋迷 **Hello Kitty** 一樣，不過當時資訊傳播的速度不比現在，器物的流行會持續較長時間。一直到了唐代，因為當時酒器出水口的方式更改，以短「流」倒酒，雞首壺就漸漸消失了。現在雞首壺在市場上的流通量少，價值愈來愈高（圖3-54）。

3-53 西晉青瓷穀倉罐（柯橋博物館藏）

3-54 東晉點彩雞首壺（柯橋博物館藏）

由器形看，以雞頭造型為主，但是也曾經在少數墓葬中發現羊首壺、虎頭壺、豬頭壺。

由釉色與釉質看，有黑釉、褐釉與青釉。不論是黑釉、青釉、褐釉都有釉色分布不均的現象，釉質之中有許多雜質，同時釉層多會裂開，請注意裂痕的層次感。

由土質看，胎土為灰色，土質較鬆，雜質頗多。有些贗品會刻意在胎土中添加雜質，做出效果，但是仔細審視，還是可以分辨出來。

由老化作用看，釉光因年代久遠而顯得含蓄溫和，釉面開裂細碎而有層次感（圖3-55、圖3-56）。

唐代的「祕色瓷」

唐代的青瓷技術又往上提升，特別是浙

3-55 西晉雞首壺（局部）（攝於香港藝術館展覽）

3-56 南朝點褐彩雞首壺（紹興越國文化博物館藏）

江地區出產的瓷器，稱為越窯青瓷。陸羽《茶經》中記載：「碗，越州上。」證明越窯的瓷器獨步天下。最具代表性的瓷器是「祕色瓷」，釉色呈現出湖水綠的顏色，有人說是艾草綠的顏色，為唐代皇室專用，非常精緻。

祕色瓷在唐朝以後只有見到史書記載，沒人親眼見過。乾隆皇帝曾作詩：「李唐越器人間無，趙宋官窯晨星看。」就是在感嘆無法親眼看到祕色瓷。一直到一九八七年西安法門寺的地宮出土一批祕色瓷後，大家才知曉祕色瓷的面貌，而唐朝二百多年的歷史就只留下十幾件可以做為標準器的祕色瓷（圖3-57）。

我曾去法門寺地宮兩次，第一次順利看到祕色瓷，我本來想拍照，但每一件瓷器旁都站滿了公安人員，根本不敢拍攝。第二次去看的時候，展示櫃裡面只剩下照片，實品已經借到國外展覽了。不過現在中國國家文物局已經決定許多國寶級文物不再外借，因為古代文物大多相當脆弱，毀壞與受損的風險太高。

魏晉南北朝和唐朝中間只隔一個隋朝，但祕色瓷的做工技術卻大幅躍進，而且是全器上釉，在當時的技術水準之下，實屬不易，顯示當時越窯的工匠為了進貢給皇帝，真是不計成本，也創造出越窯的黃金時代。祕色瓷影響到後來的北宋徽宗皇帝，決定接續傳統發展出具有北宋特色的汝窯青瓷。

除了祕色瓷外，唐朝的瓷器呈現「南青北白」的態勢，浙江地區燒製青瓷，河北、河南

3-57 陝西法門寺地宮出土唐代祕色瓷

3-58 北宋定窯荷花水鳥劃花折腹盤

與山西地區則燒製白瓷。唐朝的白瓷以河北邢窯最為著名（北宋則稱定窯），釉色瑩潤，胎體潔白。唐代以後的北宋以及南宋，普遍在瓷器上刻花與印花（圖3-58）。

唐朝以後，瓷器使用愈來愈普及，在大量生產的考量之下，工匠為了節省製作時間，開始使用模具將圖案直接轉印在瓷器上，此種製作紋飾的方法稱之為「印花」。唐代北方地區除了生產白瓷之外，在河南地區也盛產黑瓷與花瓷。

花瓷的做法是先在瓷器表面施塗一層黑釉之後，再上一層藍釉或白釉，兩種釉色在窯中因為受熱而互相融合、流淌，自然產生「窯變」的效果，因此做出來的每件瓷器顏色都不一樣，以河南魯山段店窯最具代表性（圖3-59、圖3-60）。

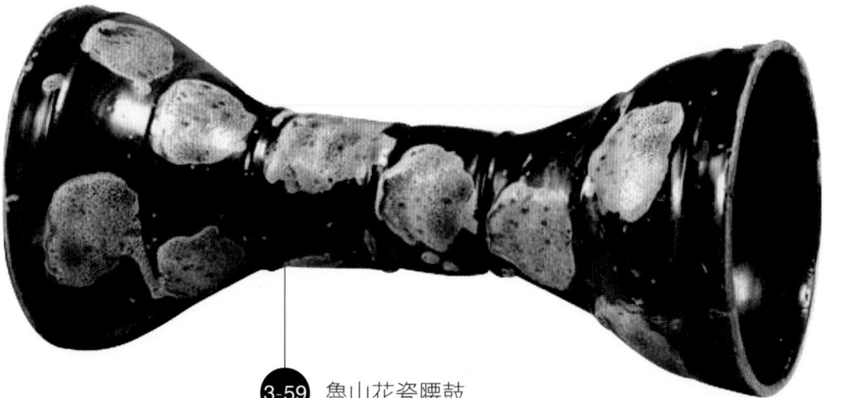

3-59 魯山花瓷腰鼓

3-60 河南魯山段店窯殘片（攝於河南考古研究所）

茶具

說物

全世界僅三件的「曜變天目」茶碗

宋代時禪宗盛行，浙江地區的天目山是相當著名的修行場所，當時有許多日本僧侶遠赴天目山求法。他們發現中國禪僧的休閒活動是喝茶，喝茶不但可以養生，還能提神醒腦，讓人在打坐聽講時不會疲憊。中國的茶文化影響日本僧侶，他們把中國的飲茶法及黑釉茶具帶回日本，連帶興起日本對福建黑釉茶碗的收藏狂熱。

日本是中國以外收藏最多福建黑釉茶碗的國家，其中包括三件「曜變天目」茶碗。

「天目」是指當初日本僧侶從天目山帶回的茶碗代稱，也代表黑釉碗的意思。目前全世界被認可的曜變天目茶碗只有三件，都收藏在日本（中國境內目前尚未發現完整器），分別收藏在東京靜嘉堂文庫美術館、大阪藤田美術館、京都龍光院，這三件都是當時到天目山求法的日本僧侶帶回來的。

由於「曜變」是製作天目茶碗時，因高溫窯燒，釉彩產生金、銀、藍三色交錯的斑點，給人像夜間星空或是銀河燦爛的視覺效果。所謂「曜變」也可能是中國「窯變」的諧音，這種釉燒法，主要是在器物上施用兩次以上釉層，讓釉層在高溫的窯爐之中自然流動變化而成，因此燒成之後，每一件都是獨一無二的面貌（圖3-61）。

據說這種曜變天目碗流傳到日本之後，成了王公貴族爭相追捧的寶物，其中一件被織田信長所得；另一件是德川家康傳下來的祕寶；第三件在明治年間被三菱總裁岩崎小彌太所收藏。這三件天下名器，後來輾轉收藏在目前的處所。

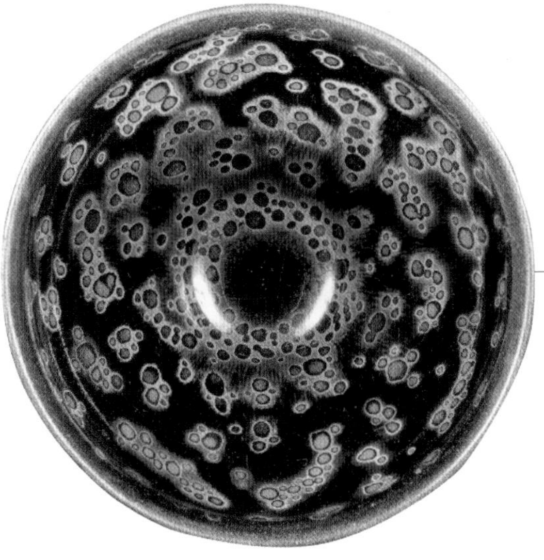

3-61 此件「曜變天目」藏於日本東京靜嘉堂文庫

溫故知新

宋人飲茶不用茶杯

中國的飲茶文化從唐代到宋代有相當大的轉變。唐代飲茶的方式是煮茶法，到了宋代則改為點茶法，即先煮好茶後，將茶葉研磨成粉末，再把粉末倒進茶碗裡，用熱水沖，一邊沖一邊用茶筅攪動，有點類似日本的抹茶。因此，宋人飲茶時並不使用茶杯，而是使用茶碗（圖3-62）。

茶具的保溫功能非常重要。宋代茶碗中，以中國福建省建陽地區的建陽窯所產製的黑瓷碗最著名。因為此地的胎土含鐵量高，做出的黑瓷茶碗具有很好的保溫效果，因此是相當優秀的茶具（圖3-63）。

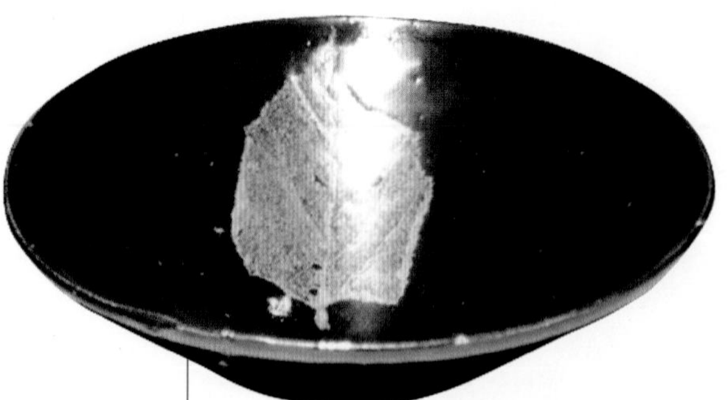

3-62 南宋「木葉天目」茶碗（攝於日本大阪東洋陶瓷博物館）

工藝家與文人合作，綜合型藝術「明代紫砂壺」

紫砂壺是明代以後興起的一種茶具，捏製紫砂壺的紫砂礦土主要由紫泥、綠泥、紅泥三種基本顏色泥料混合而成。紫砂壺的保溫效果很好，不僅可以吸收茶香、茶味，使用得愈久，泡出來的茶愈醇、愈香，所以說紫砂壺有吸色、吸味的特點（圖3-64）。

北宋梅堯臣有詩云：「小石冷泉留早味，紫泥新品泛春華。」這兩句詩說盡了紫砂壺之美，而從詩中來判斷，紫砂壺在宋代已經出現了，只是由於茶具的變革，到了明代才興盛起來。

宋代所使用的茶具是茶碗，一直到了明代，開國皇帝朱元璋認為製作茶葉太耗費民力、財力，建國時，戰亂仍頻、百廢待舉，

3-63 南宋「油滴天目」茶碗（攝於日本大阪東洋陶瓷博物館）

3-64 各種各樣的紫砂壺（攝於南京博物院）

為了提倡簡約，所以反對過度精緻的茶末、茶粉所泡的茶。他要求一般人民喝散茶，停止製造耗工又非必需品的茶葉，新鮮的茶葉只須經過烘焙後就可以喝了，不須精製。也因為茶葉製作的觀念改變，茶碗逐漸被淘汰，明代人的茶具改為使用較小巧的茶壺、茶杯（圖3-65）。

明代人在製作茶壺時發現，陶製茶壺因土壤中有許多鐵質，保溫效果良好；相較之下，瓷器太容易散熱，且材質較薄，導致瓷器的保溫效果不佳。當時，明代的茶具工匠使用宜興地區的紫砂土來製作陶壺，紫砂土具有很好的延展性，且土質黏膩，易於塑形，成品不易龜裂。因為紫砂壺的需求量愈來愈高，刺激江蘇宜興茶具製作技術的進步，也愈來愈受到大家的重視。

明代的飲茶文化與佛教僧侶的關係密不

3-65 端莊古樸的古代紫砂壺（攝於南京博物院）

可分。飲茶這種休閒活動，主要是從佛教僧侶開始，甚至有些僧侶精通茶具的製作，利用修行之外的空閒時間捏製陶壺。當時的僧侶除了鑽研佛法外，幾乎都具備藝術修養，文人雅士也喜歡與僧侶來往。在飲茶談笑之間，不免對茶具的好壞愈來愈講究，逐漸有一批工藝家，專門製作、供應茶具給這些文雅之士（圖3-66）。後來，這些講究茶具的文人雅士，也開始與製作茶壺的工藝家建立合作關係。文人寫詩、作詞，再請工藝家將他們的作品刻在壺上，形成了紫砂壺文化。紫砂壺的特色在於，它是文人與工藝家結合製作出的茶具，上面刻有文人題畫的詩、書、畫、印（圖3-67）。

因此可以說紫砂壺的形體包含了五種藝術：詩、書、畫、印，以及茶壺本身，是多元藝術的綜合體，非常文雅。明代之後，陸

3-66 充滿文人書畫藝術氣息的紫砂壺（攝於南京博物院）

陸續續出現了很多具有文人特質的工藝家，如時大彬、陳鴻壽等人。有許多明代的工藝師同時也是文人，比如明末清初的陳鳴遠。

日本從一九六〇年代開始盛行茶道，不過到一九八〇年代這股風氣才漸漸傳到臺灣。品茗不免會講究、比較茶具，因此，臺灣人開始向中國購買大量的紫砂壺，許多二十世紀中國紫砂工藝師，像是顧景舟、蔣蓉、潘持平等人的作品都銷往臺灣（圖3-68）。

茶具的鑑定

工藝家的微妙意趣

紫砂茶具鑑定要注意器形、材料、工藝技術、紋飾、款識、審美時尚與使用痕跡等個人與時代性的特色。

3-67 氣質優雅的明清時代紫砂壺（攝於南京博物院）

3-68 提梁紫砂壺（顧景舟作品）

一、器形

好的工藝師所製作的茶壺一般器形簡練，具備端正優雅之美感。

二、材料

一如好的畫家會選用一流的紙張與顏料，好的工藝師一般都選用高級泥料，我們必須仔細審視紫砂泥料精緻與否，這從器表的細膩程度可以看出端倪。但是部分工藝師有意識地以粗泥製作出具有特殊質感或是藝術特色的紫砂壺，必需仔細辨識工藝家的創作意圖。

三、工藝技術與程序

紫砂壺工藝有方壺、多稜壺、圓壺、肖生壺等，各有不同的製作方式與難度。方壺與多稜壺是以陶泥版接合而成，再細心以手工修整，一流的工藝師會將壺身製作得中規中矩，器身的各個部位，例如壺嘴、壺口、壺把等細節之處，修胎平整，做工細緻，具有一股典雅的氣質。

四、紋飾

一流的工藝師具備一流的文藝素養，其設計的紋飾簡約、含蓄而高雅。

五、款識

好的茶具，其上詩文的含意幽遠而優雅，鐫刻的刀法流暢而自然，書法優雅具備文人氣息，工藝家的款印布局優雅，印文清晰。

六、風格

著名的工藝家都有特殊的個人設計風格與製壺的技術風格，有人以輕薄聞名，有人以含蓄樸質著名，有人以端整聞名，有人擅長肖生器。我們必須瞭解每一位工藝家的製器風格與審美意趣，仔細辨識其中微妙之處。

除了個人風格之外，尚有時代風格，一般而言，明代紫砂壺的器形較大，風格樸拙；清代紫砂壺則較為小巧，做工精緻，泥料細緻。

七、老化程度

具有年代的紫砂壺，經過多年摩挲與使用，自然有一種老化、古樸、蒼茫的趣味，不僅具有經年所累積的茶垢，而且壺身所彰顯的光澤與一般新製作的紫砂壺明顯不同，必須仔細辨識其中味道。

第四章 書畫鑑識

說物

自古名畫多薄命

人類的生命無法像畫作可以流傳百世，可是歷史上卻有人想和名畫長相廝守，永不分離，著名的例如有黃公望的〈富春山居圖〉與梵谷（Vincent Willem van Gogh）的〈嘉舍醫師的畫像〉（Portret van Dr. Gachet）。

〈富春山居圖〉（圖4-1）為元朝畫家黃公望（一二六九年～一三五四年）的代表作，這是黃公望以浙江的富春江為背景所創作的水墨作品，他隨身攜帶畫作，興致一來就增添幾筆，前前後後畫了三年（一三四七年～一三五〇年）才完成，因此作品的後段與前段的墨色濃淡不同。

到了明代晚期，〈富春山居圖〉流傳到大畫家董其昌手中，後來他賣給收藏家吳之矩，吳之矩再傳給兒子吳洪裕（問卿）。清順治年間吳洪裕臨死之前，吩咐後人燒掉〈富春山居圖〉做為陪葬品。所幸他的姪子吳貞度不忍心看到名畫就此消失，即時從火堆中把作品搶救出來。不過畫卷已經被燒成兩段殘卷。

前段經過重新裝裱，民國初年曾流落民間，後來被上海鑑定家與收藏家吳湖帆收藏，現藏於浙江博物館。原卷首的小段繪畫經過修補之後，稱之為〈剩山圖〉（圖4-2），有

4-1 黃公望〈富春山居圖〉卷（局部）

4-2 黃公望富春山居圖〈剩山圖〉卷

一六六九年王廷賓的題跋，說明一六五〇年吳洪裕火燒〈富春山居圖〉的故事。後段畫卷畫幅較長，因題跋上提到本畫原是給無用師[1]，故稱之為〈無用師卷〉，現藏於臺北國立故宮博物院。

二〇一一年六月二日，〈剩山圖〉與〈無用師卷〉在臺北國立故宮博物院合併展出，分開超過三百年的兩段殘卷終於有機會重新合併，讓人得以一窺全貌，讓人慶幸這幅名畫沒有真的付之一炬。

梵谷〈嘉舍醫師的畫像〉的命運就不像〈富春山居圖〉那麼好。一九九〇年五月，日本大昭和紙業公司董事長齊藤良平在紐約佳士得拍賣場上，以八千兩百五十萬美元的天價（時約臺幣二十二億元）購買了〈嘉舍醫師的畫像〉（圖4-3）。此價格比〈沒鬍子的自畫像〉於一九九八年所拍出的七千一百五十萬美元的高價還要高出一千多萬美元，創下當時的藝術品拍賣世界紀錄（圖4-4）。

[1] 根據學者考證，無用師本姓鄭，是黃公望師弟，號無用，無用師是位道士。一七四六年清代收藏家安儀周死後家道中落，〈無用師卷〉被變賣後，終於被清宮所收藏。

4-4 梵谷〈沒鬍子的自畫像〉

4-3 梵谷〈嘉舍醫師的畫像〉

齊藤良平晚年曾揚言要燒毀這幅傑作做為陪葬，以躲避巨額遺產稅，他在一九九六年因病逝世後，〈嘉舍醫師的畫像〉也從此下落不明。

這幅畫真的跟著齊藤一起進入墳墓了嗎？失蹤藝術品記錄組織（The Art Loss Register）的專家經過調查後，認為齊藤可能將畫作轉賣給另一位收藏家，並沒有燒毀畫作。如果這位收藏家沒有意願將畫作借給博物館展覽，我們將永遠見不到〈嘉舍醫師的畫像〉。

從上述兩個故事中得知，歷史上有些收藏家對於藝術家的作品有著深深的愛戀，由於太過執著，甚至想和畫作同生共死，永遠占有名畫，可見書畫藝術自有迷人之處。

溫故知新

史前人類的洞穴壁畫

人類作畫的歷史最早可以追溯到史前時代，人類利用塗繪、刻、鑿、鑽等方法在山洞、峭壁的岩石上繪畫，稱之為「岩畫」。

一八七九年，西班牙桑坦德省（Santander）的阿爾塔米拉（Altamira）洞窟岩畫，在一個偶然的機會，被考古愛好者桑托拉侯爵（Santuola）年幼的女兒瑪麗亞（Maria）所發現。

洞穴中最有價值的是洞室頂部的壁畫——用明暗不同的紅色赭石顏料和黑色線條繪製的幾頭野牛。根據先前測定，岩壁繪畫約製作於西元前一萬三千五百年左右，到了二〇〇八年，研究人員利用「鈾釷定年」技術進一步發現，畫作的創作期間長達兩萬年，並不是在相對短暫的時期內完成。二〇一二年，最新的鈾釷定年研究結果發現部分藝術品十分古老，有的已經存在了三萬五千六百年（圖4-5）。這是第一個被發現繪有史前人類壁畫的洞穴。這個發現在一八八〇年首次公布，但是許多專家不相信史前人類有能力創作如此精美的岩壁繪畫，直到一九〇二年，才確認壁畫的真實性，大幅改變我們對史前人類藝術的認知。[2]

自十九世紀晚期開始，世界各地陸續發現岩畫遺址，例如，法國的肖維岩洞（Grotte Chauvet）發現了上千幅史前壁畫，可追溯至距今三萬六千年前的人類文明，這些發現使得岩畫逐步成為一項新興的學術研究。[3]

中國地區的岩畫研究大約起源於一九五〇年代以後，學者研究這些岩畫，並與同時期的紅陶與彩陶等陶器紋樣進行比對，理解當時史前人類畫作的題材主要以生殖、巫術（薩滿）崇拜，以及祖先信仰為主軸（圖4-6）。

[2] 阿爾塔米拉洞窟的岩壁繪畫於一九八五年被列入聯合國教科文組織的世界文化遺產名錄。

[3] 一九四〇年九月十二日，法國多爾多涅省的四個兒童在和他們的寵物狗玩耍的過程中，突然發現追逐野兔的狗掉入了一個洞穴內。他們挖開洞頂，利用繩索進入洞內，發現了洞內龐大的壁畫，法國政府將其列為重點文物保護對象。

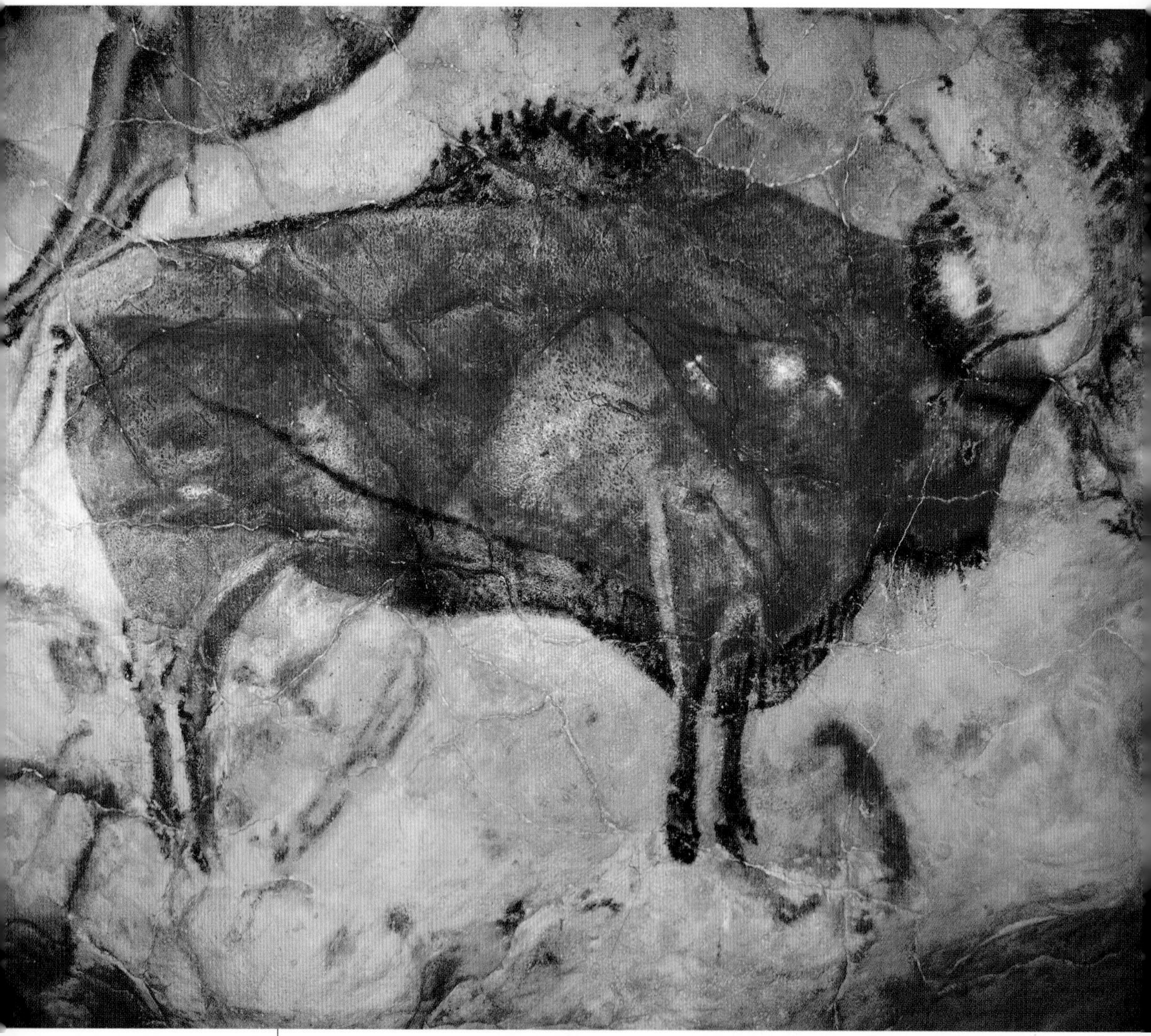

4-5 西班牙阿爾塔米拉洞窟岩畫（局部）

4-6 廣西〈左江花山岩畫〉（局部）

絹帛繪畫

中國地區到目前為止所發現的絹帛繪畫，最早是兩幅戰國時代的帛畫，其中最具代表性的繪畫〈人物龍鳳帛畫〉，又稱為〈龍鳳仕女圖〉（圖4-7）。④

除此之外，〈人物御龍圖〉於一九七三年在湖南省長沙市子彈庫一號墓出土，從共存器物的組合判斷，應是戰國中期作品。畫幅出土時平放在槨蓋板與棺材之間，應是引魂升天的銘旌，顯示當時的畫家已經熟練地使用毛筆作畫（圖4-8）。

直到目前為止，因為年代久遠，布帛容易腐朽，除了壁畫之外，尚未發現漢代的純藝術性繪畫作品，但是由於當時人們習慣先在畫卷上作畫，之後再請工匠轉刻鑄在畫像磚與畫像石上，所以我們可以從畫像磚與畫像石上得見當時的繪畫風格。

④〈龍鳳仕女圖〉是東周戰國中晚期的帛畫精品，一九四九年出土於湖南省長沙市東南郊楚墓，是現存最早的中國帛畫之一。

4-7〈龍鳳仕女圖〉

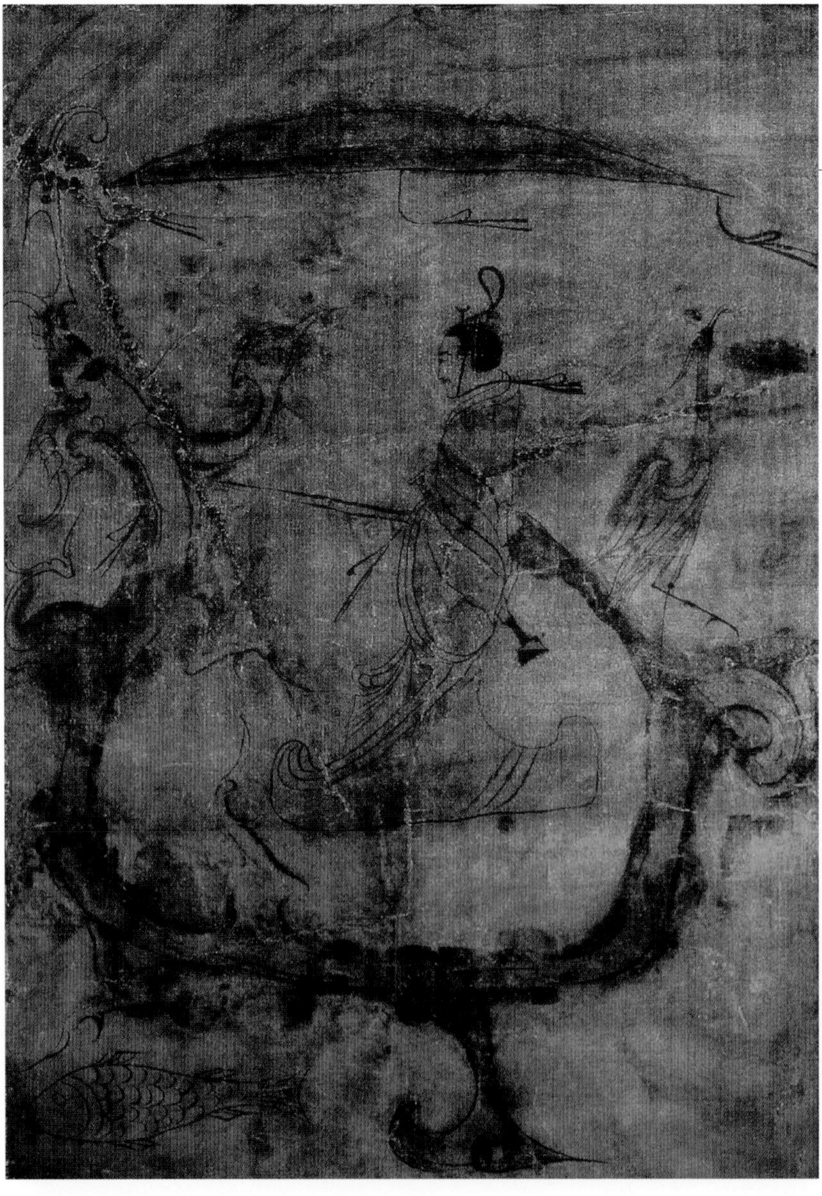

4-8
〈人物御龍圖〉

漢代畫像磚與畫像石

目前從山東、四川、河南等地所出土的漢代畫像磚與畫像石，題材多為打獵、捕魚、馬戲、音樂表演、神話傳說與歷史典故等。從商周到六朝間，因為藝術在儒家思想中強調其社會教化的功用，所以畫作內容多半以教忠教孝等社會意義為主題，除此之外，也會描繪一般庶民的田獵生活與貴族的奢華生活（圖4-9）。

隋唐以後，山水與人物的比例漸漸合乎自然

由於隋唐以前的繪畫內容多半強調帶有教化意味的人物畫，所以畫中人物的比例會比背景的山水與樹石還要大（圖4-10）。

隋唐以後，畫家的視野與繪畫的廣度都大幅增加，繪畫題材慢慢擴大，從原本的政治教化功能，擴充到純粹藝術的領域，如花鳥、蟲獸、山水、人物。繪畫手法開始強調實地觀察，所以山水與人物的比例漸漸合乎自然。

唐代張彥遠所著《歷代名畫記》中談論古代繪畫：「魏晉以降，名畫在人間者，皆見之矣。其畫山水，則群峰之勢，若鈿飾犀櫛，或水不容泛，或人大於山，率皆附以樹石，映帶其地。列植之狀，則若伸臂布指。」我們從東晉顧愷之的〈洛神賦圖〉可以見到當時的畫風

4-9 東漢畫像石（山東嘉祥出土，攝於山東博物館）

4-10〈女史箴圖卷〉（局部）（大英博物館藏）

（圖4-11）。[5]

《歷代名畫記》的內容涵蓋中國上古與中古繪畫史，可以做為後世學者考據與研究唐代以前繪畫史必讀的文獻，從中可以窺探出當時繪畫風氣興盛的景象。

隋唐出現許多一流畫家

唐代朝廷開始招收畫家入宮擔任皇家畫師，但是民間也有一流的畫家。當時最重要的人物畫家如吳道子，擅長以佛教題材為主的壁畫，常在寺院的牆壁作畫，文獻記載曾有屠夫路過寺院，看到他畫的〈地獄變相圖〉，嚇得不敢再殺生。可惜吳道子的作品大多為壁畫，至今可以見到零星的摹本，但尚無真跡傳世。

除此之外，隋代的展子虔、唐代的李思訓、李昭道父子也是當時著名的畫家，透過精緻細膩的筆調，勾勒山水樹石的輪廓，並加以填色與勾金，產生金碧輝煌的效果，突顯出隋唐時代偏愛華麗盛美的審美品味（圖4-12）。

[5]「群峰之勢，若鈿飾犀櫛」。鈿飾，用金片做的首飾；犀櫛，用犀牛角做的梳子、篦子。就是說，那時畫家所畫的山峰，不像山峰。就像金片做的首飾，犀牛角做的梳子一樣。「水不容泛」所指的就是當時的畫家畫水的時候，並沒有畫出波浪與水紋的習慣，如此表現的水看起來是無法泛舟的。「列植之狀，若伸臂布指」，意思是說，當時的畫家所畫的樹木，樹幹就像是伸直的手臂，枝葉就像張開的五指。

4-11 顧愷之〈洛神賦圖〉，宋摹本（北京故宮博物院藏）

4-12 展子虔〈遊春圖〉（北京故宮博物院藏）

另外，文人雅士的畫風也在唐代開始萌芽，代表人物是詩人王維，善於以淺淡筆法畫山水畫，開創出新的風格，後世尊稱他為「文人水墨畫之祖」。

五代十國，山水畫成為主流

五代十國因為處於戰亂之際，很多文人或畫家紛紛躲到山中隱居自適，反而有機會能近距離觀察山水風景的真實樣貌，並以作畫自娛。

此後，中國的繪畫逐漸以山水畫為主流，而且比唐代的山水畫更為寫實，如范寬當年住在太行山，利用單純的墨色畫出巨山大石的雄偉風貌，他最著名的作品為〈谿山行旅圖〉，此幅畫作中央，一座巨大高聳的主山矗立在眼前，形成一種壯麗的視覺效果（圖4-13）。

當時的畫風分為南北兩派，除了范寬之外，最著名的四大家為「荊、關、董、巨」，北方畫家以荊浩、關仝為代表，強調主山堂堂、渾厚壯觀的雄偉風景；南方畫家則是以董源、巨然為代表，描繪出雲霧繚繞、煙雨迷濛的江南風景（圖4-14）。

4-13 范寬〈谿山行旅圖〉（局部）（國立故宮博物院藏）

4-14 巨然〈秋山問道圖〉

宋代，中國寫實主義繪畫第一個高峰

到了宋代，宮廷繪畫開始興盛，但因宋代距今近千年，能保留下來的畫作不多。許多作品為宮廷畫家所畫，畫風寫實，意境高遠，尤其花鳥繪畫，成就頗高（圖4-15）。

宋徽宗承接五代以來的畫院制度，大幅度提高畫院畫師的地位與待遇，由皇室召集了當時的一流畫家，讓他們可以無憂無慮地創作。由於宋徽宗本身也是藝術家，所以親自擔任主考官，監督畫家的素質，甚至與畫家共同創作，以他寫實主義的觀點與「格物」的觀念為主軸，細膩觀察宇宙自然與社會的種種現象，忠實地表現自然界的山水、花鳥生態，以及含蓄優雅的人物繪畫。

從美術史的脈絡來看，中國寫實主義繪畫的成就在宋代達到第一個高峰（圖4-16）。

元代四大家：黃公望、王蒙、吳鎮、倪瓚

元代為蒙古人掌權，文人的地位僅高於乞丐，十分卑微，畫家並沒有受到官方太多重視。⑥除了因為懷柔政策任用宋代皇室後裔趙孟頫為翰林學士承旨之外，另一方面藉助趙孟

⑥元代的統治者將社會階級分為一官、二吏、三僧、四道、五醫、六工、七匠、八娼、九儒、十丐。

4-15 宋人〈疏荷沙鳥圖〉

4-16 宋徽宗〈桃鳩圖〉（局部）（國立故宮博物院藏）

頗協助審定皇室書畫收藏。當時大多數的文人與畫家生活拮据，官方也無意支持藝術創作。

所幸在元代，紙張的使用已經相當普及，愈來愈多畫家可以在紙張上作畫，除了流傳的作品增多之外，繪畫的技術也逐步演進。再者，利用水墨在紙上作畫有別於在絹上作畫，由於水墨渲染的效果，漸漸形成具有瀟灑與寫意風格的水墨畫，其中「元代四大家」的黃公望、王蒙、吳鎮、倪瓚擅長隨興自由的畫風。黃公望的淺淡之風，王蒙的自然野趣，吳鎮的禿筆作畫，倪瓚的逸筆草草，形成了文人寫意山水畫風，比起宋代所強調的寫實主義，元代的山水畫風轉向疏朗、瀟灑與抒情的風格（圖4-17）。

董其昌將中國的山水畫分為南北二宗

明代建國之後，朝廷逐漸恢復了宋代的畫院制度，慢慢培養出一批宮廷畫家。

早期明代宮廷畫家的成就不是很突出，經過明代初期永樂與宣德皇帝的提倡，明代中期以後，民間畫家開始逐步崛起，如杭州的戴進、吳小仙等人被稱為「浙派」（圖4-18）；江蘇太湖地區以沈周、唐寅、祝枝山、文徵明等人為主導的「吳派」（圖4-19）。這些畫家承繼了宋代與元代的繪畫精髓，雖然他們以布衣文人自居，而且終身不仕，但事實上已經是職業畫家。

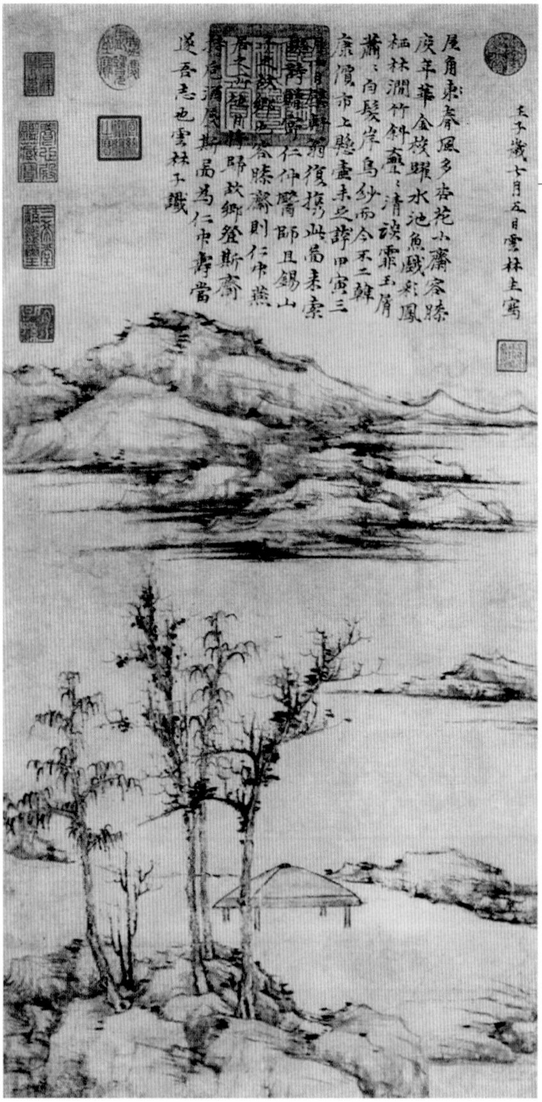

4-17 倪瓚〈容膝齋圖〉（局部）（國立故宮博物院藏）

4-18 戴進〈月下泊舟圖〉

4-19 沈周〈臥遊圖〉（北京故宮博物院藏）

此時賣畫的市場比較成熟，價格也有一定的標準，許多畫家可以賣畫為生。例如當時在畫壇頗受到重視的唐寅，曾作詩標榜職業畫家的清高，詩云：「不煉金丹不坐禪，不為商賈不耕田。閒來寫就青山賣，不使人間造孽錢。」（圖4-20）

到了明代晚期，江南松江府地區工商業發達，文化藝術興盛，許多大家自成一派，出現了以顧正誼為首的「華亭派」、以趙左為首的「蘇松派」、以沈士充為首的「雲間派」，被統稱為「松江畫派」或「雲間畫派」。

「華亭派」以董其昌為代表，他深諳古法，用筆洗練，墨色清淡，風格古雅秀潤，代表了此派的風格（圖4-21）。

董其昌官拜禮部尚書，為當時畫壇領袖，他的主張能形成巨大的社會影響。他提出南北宗的看法影響了當時及現在的畫壇。他以禪宗分南北宗的概念，將中國的山水畫分為南北二宗。

董其昌強調南宗繪畫的正統地位，提倡文人畫的書卷氣，主張崇南貶北。他認為北方畫風屬於院體派，強調工筆精緻，不如南方文人所喜好的寫意瀟灑畫風。

松溪訪隱君直
過橋去日暮攜
杖歸群鴉噪
高樹南
晉昌唐寅

4-20 唐寅〈松溪訪隱圖〉

4-21 董其昌，山水作品

西方畫風東漸

明代晚期，西方的傳教士開始進入中國傳教，也帶進西方的插畫與版畫作品，這些作品所使用的人物畫與風景畫的繪畫技巧進而影響中國畫家，例如曾鯨，吸收西方對光影、立體的繪畫元素，畫出凹凸有致的人物畫。

此外，雅好文化的社會風氣，加上資本主義的觀念開始在中國萌芽，鬻畫為生的職業畫家愈來愈普遍。

承繼明朝的畫院制度，清代宮廷也扶植了一批宮廷畫家，如王時敏、王鑑、王翬、王原祁，人稱「清初四王」，繪畫以臨摹為主，畫風精工細緻，不過也因為是模仿他人作畫，所以多是堆山疊石的畫法，沒有太多的創意（圖4-22）。

在野畫家以「明末四僧」為代表——原濟（石濤）、朱耷（八大山人）、髡殘（石谿）、漸江（弘仁）。前兩人是明宗室後裔，後兩人是明代遺民，四人抱有強烈的民族意識。他們抒寫抑鬱之氣，在藝術上主張「借古開今」，反對陳陳相因，獨抒內在性靈（圖4-23）。

揚州八怪崛起於清代中期，主要在揚州地區賣畫，稱他們「怪」是因為每個人都具備強烈的創新思想，突顯了自己的獨特風格，最具代表性的人物有金農和鄭板橋。鄭板橋融合隸書與楷書，表現出特殊的筆法，以竹畫最著名（圖4-24）；金農的書法風格融合漆書與古代碑

4-22 王原祁〈竹溪松嶺圖卷〉（北京故宮博物院藏）

4-23 漸江，山水作品

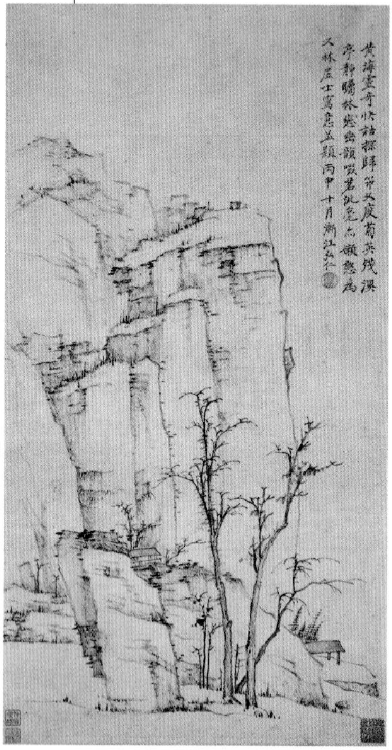

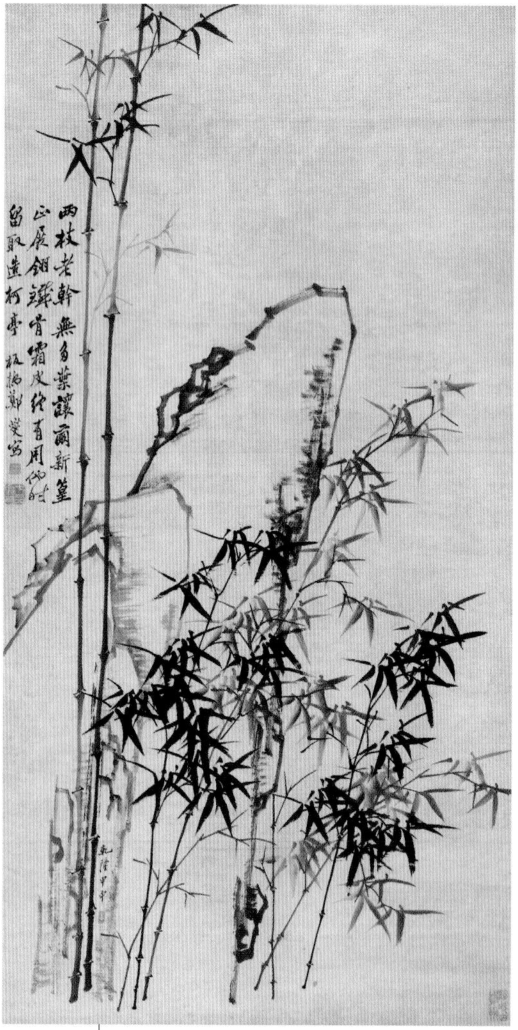

4-24 鄭板橋〈竹石圖〉

版，繪畫則表現出濃厚蒼古的趣味（圖4-25）。

在西力東漸之下，畫家開始吸收強烈的色彩觀念，繪畫表現朝向更鮮豔的趨勢。清末的上海與嶺南地區分別出現「海上畫派」與「嶺南畫派」。

海上畫派以任熊、任薰、任頤（任伯年）所謂的「海上三任」為首（圖4-26），還有吳昌碩以及二十世紀的陶冷月、馮超然、吳湖帆等人，受西方繪畫的影響，開始大膽使用色彩鮮豔的顏料，像是大紅、大綠等，進行色彩革命。吳昌碩就利用紅色顏料畫出了非常鮮豔的花朵，將中國以傳統水墨為主的淺淡畫風改變為紅花墨葉的創新風格（圖4-27）。

嶺南畫派則有「二高一陳」為代表，即高劍父、高奇峰以及陳樹人，也稱「嶺南三傑」，他們吸收西方的色彩學與日本的朦朧畫派，繪畫方式如同化妝先打粉底一樣，在畫紙上善用白粉，以「撞粉」的方式，形成柔美的粉色系效果，表現出水墨與色彩暈染與朦朧流暢的繪畫趣味。

4-25
金農〈梅花圖〉（美國納爾遜美術館藏）

4-26 任伯年〈花鳥紈扇〉

4-27 吳昌碩〈紅梅圖〉（上海博物館藏）

4-28 趙春翔〈德沛宇宙〉

畫家出國學畫，中西融合

民國以後，不論是中國或臺灣的畫家紛紛出國學畫，如中國的徐悲鴻、林風眠、常玉到法國，李鐵夫則是到英國。中共建國後開始有畫家到蘇聯學習印象派與寫實派，如靳尚誼在一九五五年到蘇聯油畫訓練班學習，中共也延請了許多蘇聯畫家到中國教授繪畫。

民國初年的臺灣尚處於日治時期，所以像黃土水、陳澄波、李石樵、楊三郎等人紛紛到日本留學，學習西方的野獸派與印象派的技巧。

國民政府來臺後，臺灣年輕一代的畫家開始轉往歐美國家學畫或是發展繪畫事業，如丁雄泉、趙春翔、朱德群等人。

總結來說，此時為華人畫家向西方積極學習的時代，不管是臺灣所提倡的「中西融合」或是中國地區藝壇所說的「引西潤中」。畫家從西方的寫實主義到超現實主義，大量的學習西方的技法與審美觀念（圖4-28）。

徐悲鴻在法國學習寫實主義的畫風，其繪畫不論是油畫、水墨畫皆充滿強烈的寫實主義風格，重視畫中對象的肌理結構和立體光影是他的特點。他回國後在大學任教，在國民政府統治期間被當作文化界的代表人物，後來曾任中央美術學院院長，在中國藝術界的地位崇高（圖4-29）。

甲戌晚秋與慈弟同遊
西天目山寫此存影 悲鴻

4-29 徐悲鴻，素描〈孫多慈像〉

林風眠從二十世紀的法國引進了野獸派與表現主義的畫風（圖4-30），他的學生吳冠中則引進了立體主義與抽象主義，以形式主義的觀念進行創作，專注於畫面構成的變化（圖4-31）。林風眠的另外兩位學生——趙無極與朱德群——都各自在抽象繪畫的領域裡闖出一片新天地（圖4-32、圖4-33）。

二十世紀的中國畫壇繁星眾多，另一位耀眼的明星是以積墨法與光影法著名的李可染，年輕時曾經學習水墨與西畫，後來再跟隨齊白石、黃賓虹學習水墨畫，所以他的繪畫含有強烈的中西融合趣味。其山水畫具有強烈的立體與光影效果，這是以前中國的山水畫沒有的現象，創造出前所未有的風格（圖4-34）。

張大千、溥心畬

僅管在二十世紀，中國畫家積極學習西方的繪畫觀念，可是有些畫家還堅持中國傳統的繪畫風格，如張大千、溥心畬等人。張大千、溥心畬兩位畫家籍貫一南一北，當時有「南張北溥」之稱。

4-30 林風眠〈蘆雁圖〉

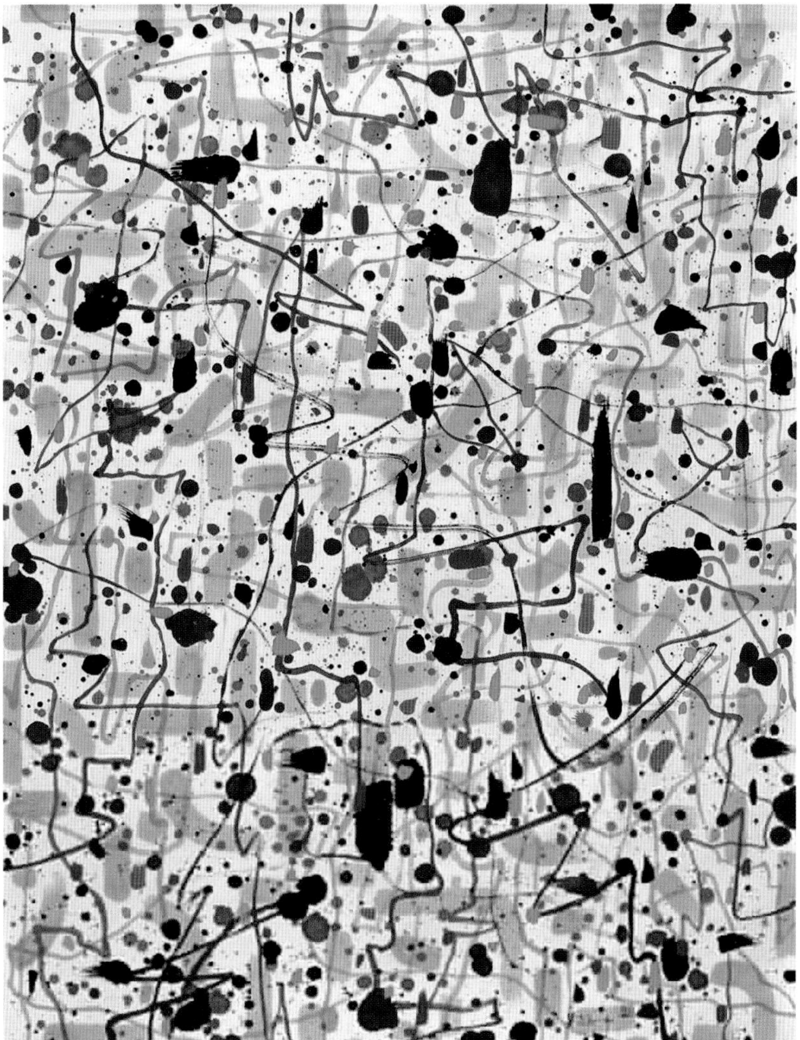

4-31 吳冠中，彩墨作品

4-32 趙無極，抽象作品

4-33 朱德群〈地平線的另一端〉

4-34 李可染，水墨〈麥森教堂〉

張大千出生四川世家，早期的畫作帶有清代畫家石濤的風格，用筆秀美，屬於南方山水畫風。他四十歲到敦煌石窟，用長達兩年多的時間，臨摹二百多幅壁畫，因此習得西域地區繪畫的色彩配置，此後作畫開始出現色彩斑斕的效果，也突破原有的傳統水墨畫風。如果沒有接受敦煌臨摹經驗的洗禮，就不會有後來創新突破的張大千藝術（圖4-35）。張大千主要的學生有孫雲生、孫家勤等人。

溥心畬為清皇室後裔，保留北方畫派的雄強挺健畫風，在二十世紀畫壇占有一席之地，一九四九年後隨著國民政府來臺灣教書，其門生有江兆申，江兆申再傳弟子有周澄、李義弘、顏聖哲等人，使得北派的命脈得以在臺灣延續（圖4-36）。

另外因地理因素，臺灣的畫家受「嶺南畫派」影響也很大，在臺灣的代表畫家是歐豪年。

臺灣與中國的藝術市場

臺灣在六〇年代開始已有現代畫的概念，當時中國正經歷文化大革命，而臺灣則進行對中國畫的改革，出現了現代畫運動，如劉國松等人的「五月畫會」與夏陽等人的「東方畫會」，大力鼓吹中國畫的現代化，開闢了新派畫家表現創作的空間與舞臺（圖4-37）。

4-35 張大千〈墨荷〉

4-36 溥心畬〈終南進士行旅圖〉

4-37 劉國松〈月之律動〉

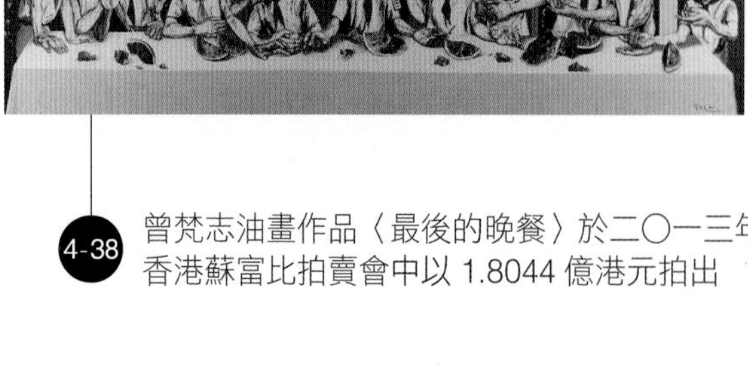

4-38 曾梵志油畫作品〈最後的晚餐〉於二〇一三年香港蘇富比拍賣會中以 1.8044 億港元拍出

一九八五年，中國藝壇興起「八五新潮運動」，不論在雕塑、書法、水墨方面都在進行新的討論與變革，與臺灣在六〇年代開始的現代畫運動類似，中國的畫家開始思考如何改變中國畫風，以符合現代趣味，對現代畫改革需求愈來愈強烈。其油畫作品開始融入西方現代畫的觀念與技巧，展現新的畫風。

同時，中國在八〇年代後開始改革開放，從共產進入到資本社會，在這過程中爆發出一股力量，畫家利用資本主義的方式行銷自己的創作，並在外國勢力介入炒作之下，在藝術市場形成風潮，如岳敏君、曾梵志等人。藝術家也開始懂得利用西方模式進行藝術的表現，如徐斌的天書或蔡國強的爆破藝術等。

中國現代藝術品成交價破億元的紀錄，在經濟持續繁榮發展的前提之下，可以想見其現代畫的藝術交易將非常興盛，同時作品的成交價碼也會逐年攀升（圖4-38）。

八〇年代以後，臺灣的繪畫市場興起，畫廊業邁入興盛時期，當時大陸畫家的作品是臺灣畫家作品價格的十分之一。到了九〇年代中期，臺灣的市場逐漸萎縮，中國的藝術市場則在二〇〇〇年以後開始蓬勃發展。風水輪流轉，在此消彼長之間，臺灣畫家的畫作市場價格從比中國還要高的態勢，到現在大陸畫家動輒一才數萬元人民幣計價，知名畫家每才可以高達數十萬元人民幣。反觀臺灣畫家畫作價位十多年來原地踏步，目前價位只有大陸畫家五分之一到十分之一的價格。[7]

目前拍賣市場上，齊白石、徐悲鴻、李可染、吳冠中、張大千等人的作品價格都處於最高階層，作品不僅昂貴，而且在市場上流通的數量愈來愈稀有。原本被忽略的其他畫家，其精品也有蠢蠢欲動的態勢，二〇一四年上海朵雲軒的春拍精品全國巡展中，適逢吳湖帆誕辰一百二十周年，他的三件作品皆以千萬人民幣拍出（圖4-39）。

藝術市場瞬息萬變，有些被大家忽略的畫家，會在時機成熟之際，在藝術市場發光發熱，真正有藝術價值的作品，終究會在長時間的品評與驗證之下脫穎而出。

中國的畫家在高價支撐下，激勵出許多人才與創意，更勇於嘗試創新，形成百家爭鳴的繁盛景象。臺灣的藝術市場卻因為景氣低迷，作品流通不佳，使得許多畫廊與收藏家一味競逐大陸畫家作品，因缺乏贊助者，市場與創意成果顯得愈來愈有限。臺灣畫家的封閉處境，發展遠遠不如中國畫家，更不用與日本或韓國的畫家比較。

目前整個華人藝術市場的重心早已經轉移到北京與上海。臺灣的藝術家在為此一時代與土地留下文化與藝術記錄的當口，著實需要本土畫廊、經紀商與收藏家的實質力量，大力支持。

⑦水墨作品在華人藝術市場上一般以每才計價（大陸以每平方尺計價），每才約等於一尺乘以一尺，三十公分見方。

4-39 吳湖帆〈浙東小景〉

書畫的鑑定

一眼認出是哪位畫家的作品

宋代字畫是目前在市場上看得到最早的中國字畫，但因為保存不易，並不常見，且因古絹仿製困難，故贗品不多，再加上畫作往往有畫家與收藏家的用印，如何仿製也是難以解決的複雜問題。因此，市場上贗品最多的是明清以後的畫作，因為紙張的材質和畫風與現代比較接近，仿製容易，也因為收藏者眾多，導致市場價格更高。

書畫有別於其他的工藝品，是純粹的藝術表現，畫家在創作時不必考慮太多材料或是技術的問題，只須單純表達個人心靈、感情與思維。在美學上，書畫被歸類為純粹藝術，而在欣賞純粹藝術時，重點在於探索畫作隱藏的文化意涵。

一、風格

風格是畫家內在心靈的外顯，鑑定畫作時，第一眼要注意的是每一位畫家本身獨特的風格，所謂「風格」可以分成兩個層面：時代風格與個人風格。個人風格又隨著畫家個人的演變，而有早、中、晚期的變化。

每一位畫家都是時代的產物，不論是社會環境或是文化教育、流行思潮都是型塑畫家的力量，作品表現出來的風格也反映出畫家身處的時代氣氛與意義。每個時代畫家的畫作風格都不同，如歐洲十九世紀的印象派、明朝的吳門畫派、浙派等等，都是畫家在該時代的環境下，大同小異的風格表現。

藝術風格受限於時代與地理環境的制約，要特別注意畫作中「偏離時代審美趣味」的現象，例如宋朝的繪畫一方面寫實，另一方面以文人品味為主，在創作上表現淺淡、簡約、自然、空靈的水墨趣味，線條含蓄而優雅，配色典雅。宋代山水畫家喜歡「主山堂堂」的樣式，表現巨大雄偉的構圖（圖4-40），即便如此，北宋與南宋因為地處不同的風土人情，畫風大不相同。南宋定都臨安（杭州），江南氤氳的霧氣與溼潤多雨的環境，使得此一時期的山水繪畫構圖將山石實體偏向一邊，另一半的空間喜歡以留白處理，展現出霧氣迷濛的空靈趣味（圖4-41）。如果有人拿了一幅繪有大紅大紫、筆法粗獷而率真的畫作，稱是宋代畫作，可信度就不高。

儘管畫作帶有時代的風格，但是每一位畫家各有個性、品味與才華，會自然而然地表現出他的與眾不同、帶有強烈個人風格的色彩。我們在欣賞畫作之時，應該能一眼認出這是哪一位畫家的作品。畫家在年輕、中年與晚年時期的作品往往有差異，形成不同風格，我們必須對此進行深入分析與研究，才可以根據風格，進一步分辨出作品的時期。

4-41 南宋，馬遠〈踏歌行〉

4-40 北宋，李唐〈萬壑松風圖〉（局部）（國立故宮博物院藏）

二、技巧

看畫時，第一眼欣賞風格，之後針對畫家的技巧進行理性的分析。

西方畫主要以塊面與色彩表達立體、光影，中國畫則以線條展現物像輪廓的真實與本質，以筆墨為主，所謂「筆」就是線條的表現，所謂「墨」就是墨色的層次表現。

以單一工具而言，中國人運用毛筆繪出線條的歷史與技法，比西方更多元與深入，毛筆可以縱橫上下、抑揚頓挫，也可以乾溼濃淡、快慢正側，或是破筆，或是禿筆，可以一筆單色，也可以一筆多色，真可謂變化萬千。

中國文化歷史悠久，不同時代的畫家對書畫線條都有不同的主張與表現。筆線是一個時代、一位畫家審美與創意的特殊標記，例如從六朝到唐代的人物畫史，有所謂「曹衣出水，吳帶當風」之說。

「曹衣出水」根據宋代郭若虛《圖畫見聞志》記載：「曹之筆，其體稠疊，而衣服緊窄。」指出北齊時期的人物畫家曹不興，線條重疊而稠密，所畫人物好像剛從水中起身，衣服緊貼肉體（圖4-42），充滿感官與肉體之美。而「吳帶當風」意謂唐代人物畫家吳道子開創了「蘭葉描」，古書上說他「行筆磊落，揮灑如蓴菜條」，用筆起伏變化，線條之抑揚頓挫，呈現強烈的動態感，如衣袖在風中鼓風飛揚而飄動（圖4-43）。

4-42
北齊佛像石雕（濟南考古研究所藏）

4-43 吳道子（傳）〈天王送子圖〉（局部）（日本大阪市立美術館藏）

又如東晉時期畫家顧愷之的仕女圖，所畫線條緊勁連綿，猶如桑蠶吐絲，細膩卻有彈性，美術史上稱之為「春蠶吐絲描」（圖4-44）。

張大千曾到敦煌臨摹壁畫，期間習得很多線條的技法，尤其是用筆緊勁連綿的效果，線條帶有一種內涵的力道，足見深厚功力。他的畫風一方面拘謹秀氣，同時也有用筆瀟灑的趣味，反映豪放而細膩的多元個性。當我們看細部的用筆技巧，如果用筆過於秀氣就可能不是張大千的畫作。

晚唐之後，中國的山水畫家開創出所謂的「皴（音同村）法」，是一種描繪山石樹木紋路與結構的筆法與技術。就中國山水畫而言，皴法是構成畫作的基本元素與特殊風格，而不同的流派就有不同的「皴法」。

許多畫家窮極一生就希望能創造出新的皴法，因為新的皴法往往能讓畫作產生新的風格。民國時期的畫家傅抱石，開創出疾筆飛動的迅捷皴法，人稱「抱石皴」（圖4-45）。

中國的墨雖然只有黑色，但是在層次上可以展現多種變化與風格，如濃墨、淡墨、乾墨、溼墨、破墨、潑墨等，彼此又可以交互使用。另外還有暈染法，利用膠水控制墨的暈染變化。也因為墨法有多種變化，每位畫家都有獨特的筆墨技巧，要深入瞭解與研究才能夠辨別真偽。

4-44 顧愷之〈女史箴圖〉，唐摹本（局部）（大英博物館藏）

4-45 傅抱石，山水作品

另外，還得注意渲染的技法，宋代以前畫家多在卷上作畫，紙的使用要到元代才開始普及，畫家開始在紙上繪畫，大膽嘗試渲染的技法。明代的畫作出現大寫意的畫風，如徐渭的〈墨葡萄圖〉，採用大筆揮灑、墨汁淋漓的渲染法（圖4-46）。

以張大千的潑彩潑墨作品來說，一般人往往以為張大千的作品只要有潑彩潑墨就是真的，但我們看畫之時要站在畫家的創作立場，張大千的潑彩潑墨不是隨性潑灑的結果，他有意識地將石青、石綠等墨彩當作畫中的雲霧處理（圖4-47）。

中國山水畫的特色之一是留白，也就是刻意利用雲的白色當作山水間的緩衝，但是張大千將這些空白處填上顏色，潑上墨彩，以移動紙絹的方式讓墨彩自由流動，進而形成雲霧狀效果。

既然留白是一種緩衝，如果要用石青、石綠的墨彩取代，潑灑的位置與造型就很重要，像是潑灑在山石和山石、山石和樹木之間的雲霧。如果仿製者不懂張大千潑墨潑彩的意義，只是把石青、石綠的顏色一股腦兒硬潑在畫作上，東一塊、西一塊，徒然是畫面上的累贅而已。

除此之外，張大千在壯年之時曾到敦煌臨摹石窟畫作，影響到他後來人物畫的用色，採用了敦煌色彩配置的方法，如石青、石綠、朱砂、藤黃、赭石、花青、白粉等。這些色彩的

4-46 徐渭〈墨葡萄圖〉

4-47

張大千〈潑彩山水〉

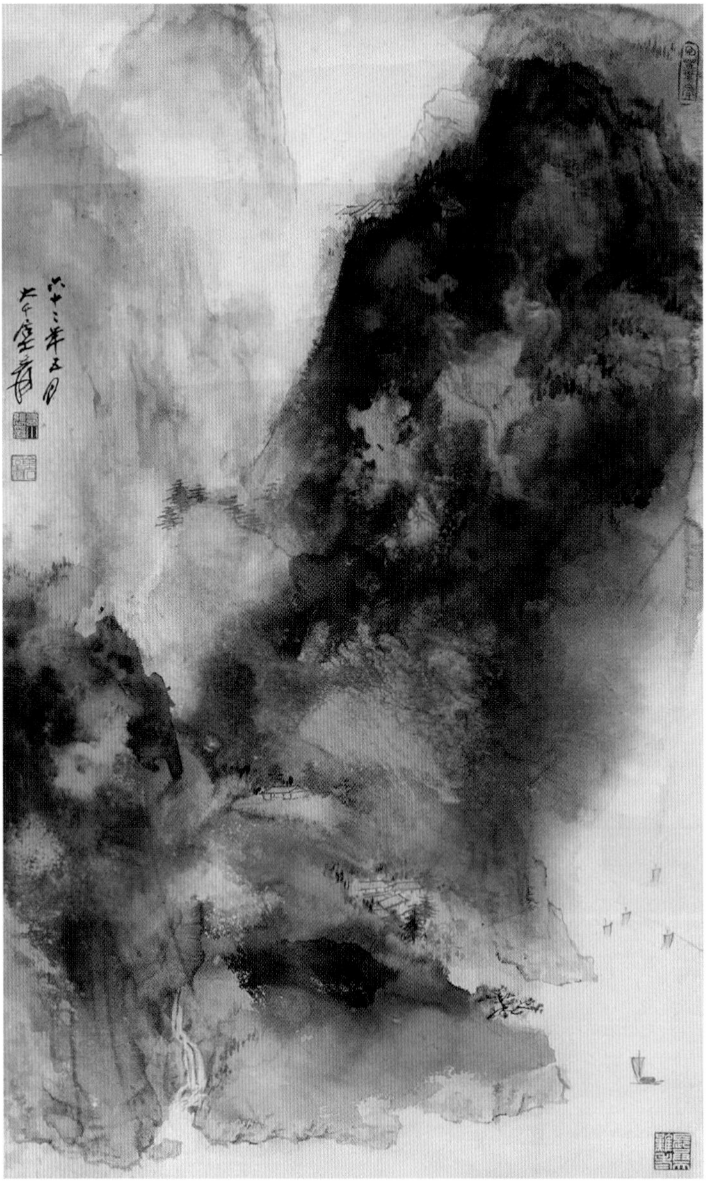

用法都有固定的配色，如果一幅畫被稱為是張大千的畫作，但是色彩配置與敦煌的配色系統有差距，或是配色方式不對，或是使用了不對的顏色，就必須仔細查看，經驗告訴我很可能就是一幅偽作。

三、造型與構圖

每一個畫家都有自己一套的造型與構圖的理念與方法，例如在畫人物時究竟是要合乎比例，或是天馬行空地誇張表現，在在反映出畫家對造型的理念，譬如東晉顧愷之的仕女圖人物，身材修長，類似歐洲文藝復興時期波提切利（Sandro Botticelli）的〈維納斯的誕生〉的人物表現。明朝陳洪綬、崔子忠等畫家所表現出來的人物造型就以奇特著稱，洋溢著一種超凡脫俗的趣味，後人稱之「變形主義」（圖4-48）。

每一個畫家在創作時都有喜好的造型，組織起來就形成一幅畫的構圖，如張大千的水墨畫，多奇形怪石，雲霧變化多端，重點不在表現實景寫生，而在表現胸中丘壑。

畫家本著自身的才情與素質，透過想像與重組，塑造出特別的山水構圖，並反映出獨特的感情與理念，只要鑑賞者能夠辨認某種特殊的造型與構圖，就可以知道作品是哪個畫家的創作。

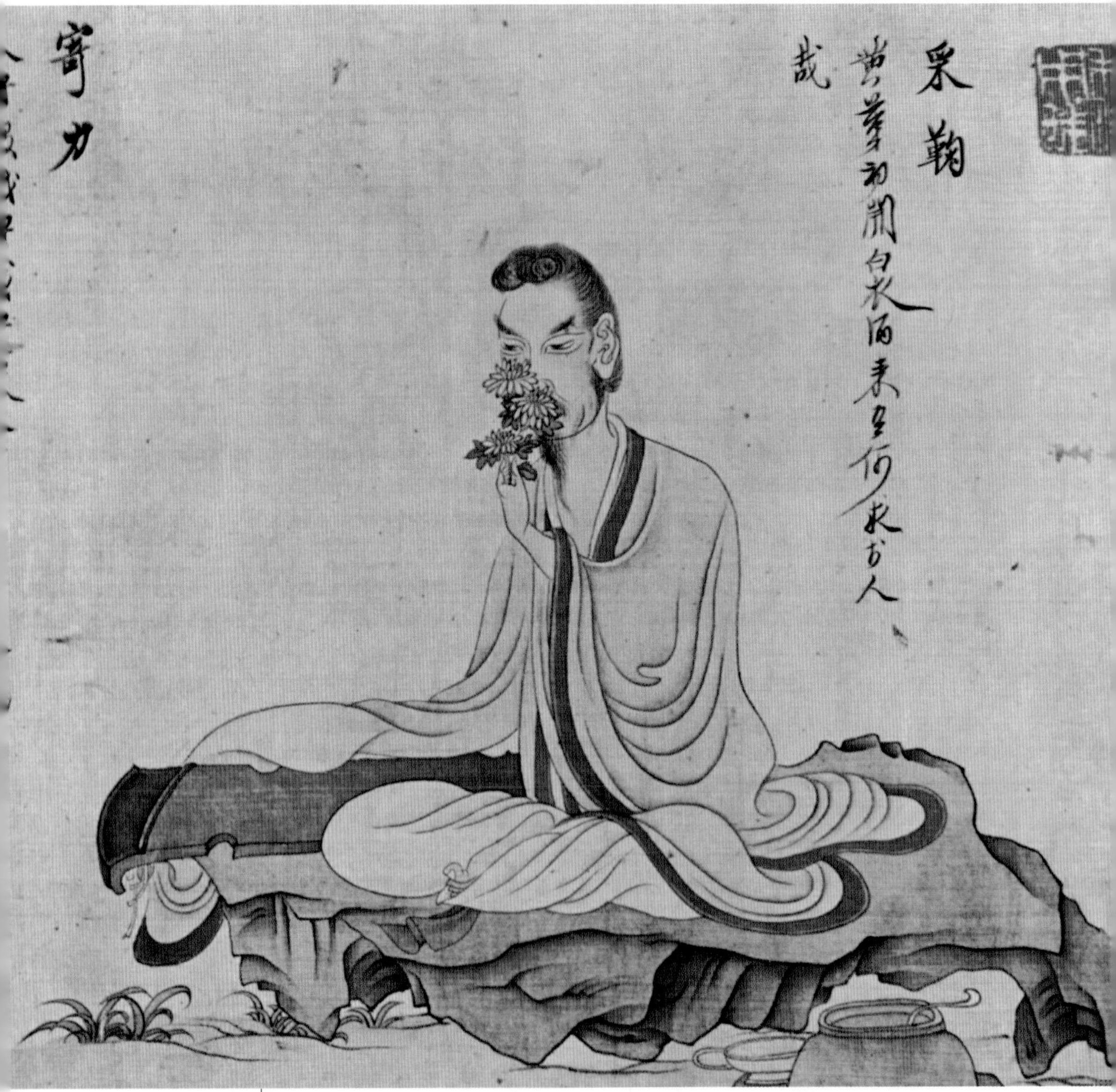

4-48 明代，陳洪綬〈歸去來圖〉（採菊）

四、用色

唐代以前，中國畫多為五彩繽紛、色彩斑斕的色彩，宋代以後則因文人崇尚以水墨作畫，故不以鮮豔的色彩來表現，影響後世近千年。

中國的文人美學在元、明之際達到高峰。到了明代晚期，西風東漸，中國畫壇產生質變，清代畫作開始出現大紅大綠的鮮豔色彩，如前面提到的海上畫派與嶺南畫派。

進入二十世紀後，文人美學的影響力已經式微，一九八〇年代中國畫開始出現新畫風，到了二十一世紀則引進後現代主義，中國現代藝術家的畫作不論是在用色、技巧上都迸發各式創新。

用色可以透露出畫家的時代風格與個人風格，如清代的惲壽平將花卉添上淺淡的色彩，在優雅含蓄的文人畫中帶有一點西洋畫的趣味。清末民初的齊白石則師承吳昌碩，以大紅大綠的鮮豔色彩在畫布上繪出紅花綠葉，將天真誠摯的情感大膽表露無遺（圖4-49）。

二〇一三年一月二十一日，在濟南舉行的翰德迎春拍賣會書畫專場中，張大千巨幅〈潑彩山水〉（四十六平尺）以兩億五千萬人民幣的價格成交，創下中國書畫作品成交新高，超過二〇一〇年嘉德春拍近現代書畫專場，以一億零八十萬元成交的張大千另一巨作〈愛痕湖〉價格，但是引發了許多質疑的聲音。

4-49 齊白石〈長壽桃圖〉

一般認為潑彩畫是張大千晚年的作品風格，張大千是在一九五七年修建「八德園」時，因為出力過猛才把眼睛弄壞的。在視力不佳的狀況之下，一九五八年，他開始研究潑墨潑彩的作品，而一九五三年，張大千年僅五十四歲，這期間他還沒有開始創作潑彩作品。在濟南翰德迎春拍賣會書畫專場中的張大千〈潑彩山水〉作品，年代是一九五三年，不免啟人疑竇。

從近年來的拍賣市場來看，贗品氾濫，經過市場有心人士統計，在拍賣場中流動的畫作往往遠超過畫家在世時所創作作品的總量。有鑑於此，重要作品的鑑識，主要先要瞭解作品來源，來源清楚無誤，特別是畫家的家人、學生以及友人的舊藏比較能受到收藏界肯定。再者，早期展覽著錄的作品也是比較可靠的，如果突然冒出來一幅「巨作」，無論成交情況如何，多少都會受到市場懷疑，更何況作品本身出現了風格與技術的問題。

此幅〈潑彩山水〉，拍賣公司無法做出明確交代。一般而言，拍賣公司有為買賣雙方保密資料的義務，但事實上，只要作品來源正確無疑，拍賣公司都會有意無意地運用各種管道將訊息傳出，以增加作品的可信度，更增加作品高價成交的可能。

從風格上鑑識，遠望此一作品，構圖上有侷促、瑣碎之現象，整體風格上，不像是以「大氣」與「氣派」著稱的張大千氣質，加上山石樹木等細節之處運筆瑣碎，用筆板滯，山石與樹木結構僵硬，有些地方過於細碎，與我們所見到張大千的作品有相當大的差距。

除此之外，張大千的潑墨潑彩作品，在潑彩之時，將石青與石綠顏料潑在墨色之上，再提弄紙絹讓其顏料流淌，主要的用意是將石青、石綠潑灑成雲霧之狀。此幅作品雖有潑彩，但是顏彩不多，不像張大千其他潑彩作品具備大幅潑灑之趣，根據網路訊息，大陸的輿論對此件張大千作品提出許多質疑，感覺創作此作的畫家過於小心翼翼，似乎給人一種怪異的感覺（圖4-50）。

近幾年來，許多藏家追逐張大千作品，加上拍賣公司不保證作品真假，使得大陸本地拍賣公司（包括大牌拍賣公司）有意或無意地頻繁推出張大千作品拍賣，使贗品充斥拍賣市場，氾濫成災。

許多仿製的張大千作品，尤其是工筆作品，以玻璃片打燈透視，加以細筆臨摹，畫得維妙維肖，難以分辨。有些更將印刷作品

4-50 二〇一三年山東濟南舉行的翰德迎春拍賣會書畫專場中，張大千巨幅〈潑彩山水〉（四十六平尺）以2.5億人民幣的價格成交

加以裝裱，再進行做舊，在市場上當真跡出售，上當者不可勝數。

審視此幅作品中的山石，局部放大之後，可以明顯看出用筆生澀，並非大畫家的用筆（圖4-51）。放大來看水邊蘆葦或是植草，也看出虛弱與遲疑蹇滯的用筆（圖4-52）。

再將另一幅仿張大千偽作的樹群局部放大來看，用筆瑣碎、粗率而僵硬，樹木與山石所染顏色也不對，並非張大千手筆（圖4-53）。此幅張大千偽作（局部）潑彩顏料不對，張大千所使用的顏料以傳統顏料為主，所潑灑出來色彩具有沉穩、層次豐富的效果，除此之外，此偽作所潑灑出來的雲霧形式僵硬、不自然，並非張大千手筆（圖4-54）。

有鑑識能力者可以從書法鑑識是否為張大千真跡，因為書法的力度、速度、結字、布局等，不容易單靠臨摹或模仿就能表現得神氣十足，更何況造假者意在模仿，心虛之下難免會有「怯筆」現象，流露出遲疑、造作等痕跡。此一幅偽作的張大千落款與簽名，可以看出怯筆現象，生硬而遲疑，尤其是張爰的「爰」字的最後一筆，用筆抖動震顫得相當不自然（圖4-55）。

我們再從溥儒的作品來分析，整幅山水氣質高雅，具備文人氣質（圖4-56），再從樹石畫法的用筆來觀察，用筆簡練而瀟灑，有簡逸之趣（圖4-57）。從土陂草石細微處觀察，更可以看出其用筆的瀟灑自然（圖4-58）。從落款來觀察，其書寫自然而具有秀雅挺健之趣，確是溥儒手筆（圖4-59）。

4-51 此幅作品中的山石局部，放大之後，用筆生澀，明顯可以看出並非大家手筆

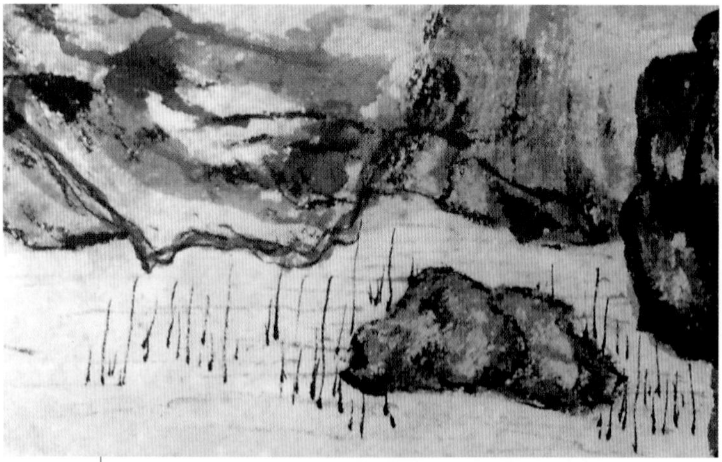

4-52 從水邊蘆葦或是植草的描寫筆法，可以看出畫家功力不足與不自然的用筆

4-53 此幅張大千偽作之中的群樹，放大之後，看出用筆粗率、瑣碎，染色方式不對，非張大千手筆

4-54 此幅張大千偽作（局部）潑彩顏料不對，所潑灑出來的雲霧形式僵硬

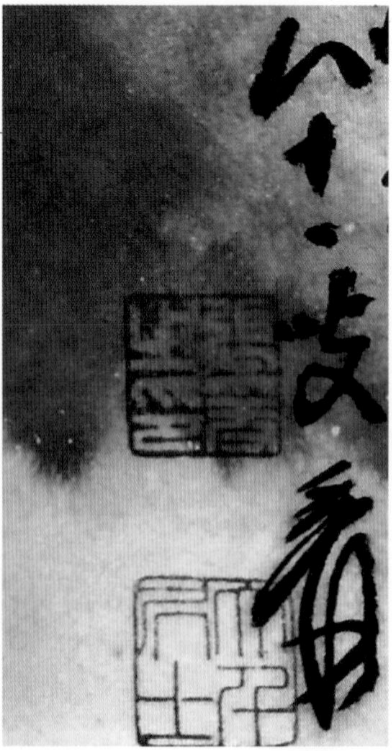

4-55 張大千偽作的簽名有怯筆現象

4-56

此幅溥儒作品，風格與氣韻都顯現出文人雅趣

4-57 將樹石放大觀察，用筆自然瀟灑，有簡逸之氣，是溥儒作品

4-58 土陂草石的用筆簡練瀟灑，是溥儒手筆

4-59 從落款與簽名之中，看出其書法秀氣而挺健，書寫自然不做作

五、落款與題跋

元代以後，畫家開始在畫作上題字、寫詩。在畫作上寫詩、題字可代表畫家本人具備文學素養，將詩、書、畫同時表現在一幅畫上。然而，因為要在畫上寫字，所以我們可以看出畫家的書法風格，也是辨識真偽的途徑。

畫風容易模仿，因為可以修飾，但是書法是一氣呵成，若非熟練到家，否則落款很難模仿，容易露出馬腳，如果畫家書法功力高超，則更難模仿。因此，落款常常是鑑定一幅書畫真偽的重點之一，贗品上的落款字數通常很少，因為偽造者寫得愈多，愈容易露出原形。

除了落款之外，題跋也可以幫助我們鑑定畫作的真偽。在字畫前面的文字為「題」，在字畫後的文字稱「跋」，許多收藏家或書畫家在收藏喜愛的字畫之時，往往習慣在作品上抒發意見，寫明這幅畫出自何人之手，又為什麼會流傳到他手上等歷史因緣，或抒發欣賞心得。這些題字或是跋文，一方面記載了收藏家購藏的過程與作品流傳的經過，另一方面為畫作真偽提供考究的證據（圖4-60）。

六、用印

用印也是要到元代以後才有的習慣。

本來用印是畫家保證作品是真跡的手段，因此書畫家印章一般隨身攜帶，或放置在隱密的地方，像是民國時代的張大千，本身是仿畫高手，深諳其中道理，因此他習慣每五年將印章整體汰換一次，據說便是為了防範做假。

在早期書畫歷史上，書畫家用銅、鐵等金屬或是玉石製作印章，明代以後改用石頭刻章，尤其以壽山石、昌化石等做為印章石材。許多文人畫家具備治印的技術，喜歡親手篆刻印章，所以刻出來的印文帶有畫家的獨特布局、刀法、邊框趣味等風格。

另外從印紋的布局和刀工、刻法也能看出是否為一方好印，一般而言，一幅名家的書畫，上面所印的印章應該也是不錯的作品。如果仔細審視之下，一幅畫畫得不錯，但是印章藝術性卻相當不足或是刀法不好，甚至是印刷的印文，就要特別注意（圖4-61）。

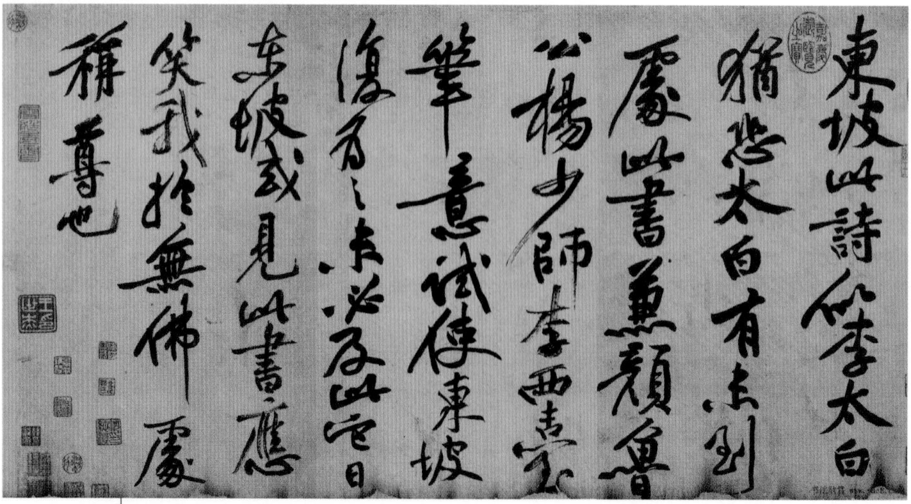

4-60 北宋書法家黃庭堅為蘇東坡〈寒食詩帖〉所寫的跋

除此之外，我們往往看到一些古畫上蓋有許多印章，說明這張畫的收藏源流，透露出流傳經過，有哪些人看過或是經手過這幅畫作等訊息。我們可以從流傳的每一方印章仔細推敲、理解。例如歷代皇帝喜歡在作品上蓋下自己的印章，清代乾隆皇帝就很喜歡在收藏的畫作上用印，這些印章多少可以幫助我們判斷畫作的真偽。

七、裝裱

一幅畫作的裝裱透露出畫作的時間（古畫可能重新裝裱，如宋代的畫作可能在明朝或是清朝重新裝裱）。裝裱透露出畫作價值，因為擁有名畫的人不會粗率地裝裱，會特別講究裱褙的材質和裱工。如果一幅畫的裱工很差，就要特別留意是否為贗品。

4-61 齊白石印，印文：齊璜印

後記

收藏文物藝術品是一種高尚的興趣，不僅可以「獨樂之」，也可以「眾樂之」。可以怡情、益智，可以儲財，更可以收到養生的功效。

我認識很多喜歡收藏文物藝術品的收藏家，大多談吐文雅，氣質高尚，他們都不是一般短視近利之徒，都喜歡閱讀文史與哲學書籍，喜歡在夜深人靜之時，在書房燈下，獨自觀賞藝術作品或是撫觸文物，享受「寂然凝慮，視通萬里」的樂趣。

除此之外，也有許多醉心「藝術投資」，專注於藝術可以獲取利潤，而不問藝術價值的收藏者。這些人表面上以巧言談美，卻以價格高低評斷藝術，追逐流行，內心深處將藝術視為商品或是獲利的籌碼，汲汲營營以之獲取大利。我常覺得這些人會是最先被藝術所排斥，而與藝術審美享受絕緣的人。

比較古今中外的文物藝術收藏家，有許多人值得我們佩服，他們在有限生命時光之中，以其一流的眼光與過人的能力，為民族、社會有系統地發現並蒐集歷史與藝術的見證，讓後世可以經由文物與藝術品，理解人類思想、智慧、感情與技術的結晶，進而增長知識與智慧，體悟人生的意義，無非功德一件。

長久以來，我發現對待藝術的心態與方式不對，往往使人走錯方向，自然無法理解與體悟藝術的真諦。我常常想，為什麼許多收藏家以一生的時光收藏了滿屋子贗品，究其原因，可能是因為他們以資產的眼光看待藝術收藏，將重心放在獲利，而非審美的享受。另一方面，可能是因為他們習慣以感性評斷藝術價值，沒有將知性做為收藏與價值判斷的工具。所謂知性，意謂以求取知識的理性態度探索文物藝術品的歷史與真相，而非單純以感性的態度看待文物藝術品。

藝術收藏的先決條件，除了一定的財力之外，更重要的是具備鑑識能力，而鑑識藝術品真偽的基礎，在於深厚的文化素養以及正確的審美、價值判斷。鑑識能力非一朝一夕之功，這種長期浸淫在閱讀與欣賞的過程，正是涵養文化底蘊與培養審美能力的基礎工作，也正是收藏過程中的最佳享受。

臺灣已經邁入相當富裕的社會，文化與藝術休閒成為流行，參觀博物館與美術館變成許多人的最愛，而收藏文物藝術品也成為許多人可以負擔的興趣。然而收藏並非簡單的購物行為，需要一定的文化熱情，更需要藝術素養做為支撐，因此，提升藝術審美水準及加強文物鑑識能力成為當務之急。

後記

有鑑於此，我不揣淺陋，以拋磚引玉的心情，提供二十多年來學習鑑識文物藝術品的心得與收藏經驗，在時報文化出版社的協助之下出版此書，用意在於喚醒大眾對於文物藝術品收藏與文物鑑識的興趣，我除了定時舉辦講座與課程之外，將循序漸進地出版一系列與文物藝術品審美、鑑識相關的書籍，祈請諸位讀者多加支持是幸。

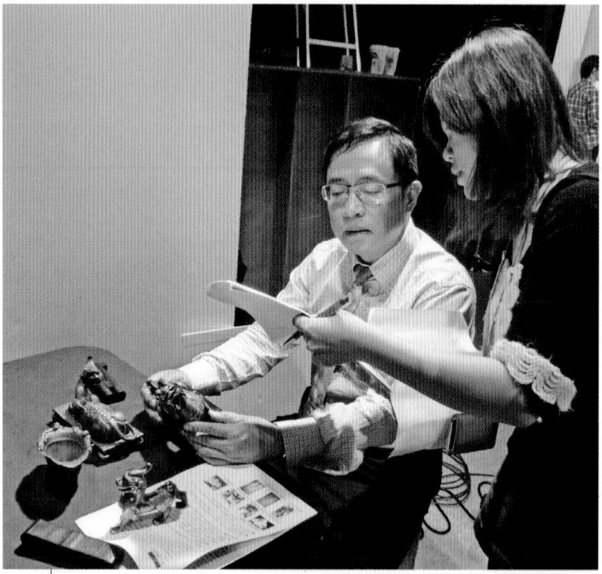

在年代電視臺電視節目錄影現場鑑定文物藝術品

與吳淡如小姐在節目之中
討論鎏金佛像

BEST BUY 系列 006

行家這樣尋寶

作　者—曾肅良
主　編—邱憶伶
責任編輯—麥可欣
責任企畫—吳宜臻
封面設計—蔡佳豪
美術設計—陳瀅竹
董事長—趙政岷
總經理—
總編輯—李采洪
出版者—時報文化出版企業股份有限公司
一〇八〇三　臺北市和平西路三段二四〇號三樓
發行專線—(〇二)二三〇六六八四二
讀者服務專線—〇八〇〇—二三一七〇五・(〇二)二三〇四七一〇三
讀者服務傳真—(〇二)二三〇四六八五八
郵撥—一九三四四七二四時報文化出版公司
信箱—臺北郵政七九～九九信箱
時報悅讀網—http://www.readingtimes.com.tw
讀者服務信箱—newstudy@readingtimes.com.tw
時報出版愛讀者粉絲團—http://www.facebook.com/readingtimes.2
法律顧問—理律法律事務所陳長文律師、李念祖律師
印　刷—詠豐印刷有限公司
初版一刷—二〇一五年二月六日
定　價—新臺幣四五〇元

⊙行政院新聞局局版北市業字第八〇號
版權所有翻印必究(缺頁或破損的書，請寄回更換)

國家圖書館出版品預行編目資料

行家這樣尋寶 / 曾肅良著 . -- 初版 . -- 臺北市 : 時報文化, 2015.02
面 ;　公分 . -- (Best buy 系列 ; 6)
ISBN 978-957-13-6156-7 (平裝)

1. 古物鑑定
790.34　　103025594